AF222607

Inhaltsverzeichnis

Einleitung..4
1 Was soll man unter Aufmerksamkeit verstehen?.....................5
  Neurobiologische und kognitive Aspekte................................6
  Erwecken von Aufmerksamkeit als gesellschaftlicher Wert.....14
  Zusammenfassung und meine Sicht zum Thema
  Aufmerksamkeit..15
2 Biologisches und psychologisches Hintergrundwissen...................16
  Hat der Mensch einen freien Willen?....................................17
  Schlüsselreizkonzept bei Mensch und Tier............................18
  Balzverhalten: Folge des Aufmerksamkeitstriebs...................23
  Erregung von Aufmerksamkeit zur Gewinnung eines
  Fortpflanzungspartners..27
  Tierbeobachtung übertragbar auf den Menschen?....................31
  Zusammenhang zwischen Aufmerksamkeitstrieb und
  angeborenem Verhalten auf Reize zu reagieren.......................32
  2.1 „Trieb" und was man darunter verstehen soll.......................32
  Triebbegriff innerhalb der Psychoanalyse..............................33
  Ist jeglicher Drang auf die Libido zurückzuführen?...............37
  Psychoanalytische Kritik an Freuds Triebtheorie 39
  Affekt: beschreibt er das Verhalten besser als „Trieb"...........40
  Die Psyche des Menschen: Der Psyche des Tieres sehr ähnlich?
 43
  Trieb hat Energiecharakter...44
  Mein Verständnis von Trieb..44
3 Die Dominanz des Aufmerksamkeitstriebs...............................46
  Aufmerksamkeitstrieb will vor Sexualtrieb befriedigt werden......46
  Was ist Sexualität?...46
  Zärtlichkeitsbedürfnis als Folge des Aufmerksamkeitstriebs....49

Warum es nicht primär um „Macht" geht...............................51
Der Geltungsdrang resultiert aus dem Aufmerksamkeitstrieb...57
Warum es nicht primär um die Weitergabe der Gene geht........60
Warum Memtheorie anzweifelbar ist.....................................63
Warum Frauen auf Kinder verzichten.....................................71
Schönheit zur Erregung von Aufmerksamkeit oder im Dienste
der Fortpflanzung?...74
4 Wie man Aufmerksamkeitstrieb befriedigt............................77
Die Bedeutung der Psychoanalytiker.....................................78
Milton Ericksons Hypnotherapie..79
Warum Männer zu Prostituierten gehen.................................80
Vergleich zwischen Prostitution und Psychotherapie..............83
5 Symptome unterdrückten Aufmerksamkeitstriebs....................85
Warum Babies schreien...85
Hospitalismus 86
Stalking als Folge unkontrollierten Aufmerksamkeitstriebs.....89
Ein unterdrückter Aufmerksamkeitstrieb schafft sich oft später
ein Ventil...92
Minderwertigkeitsgefühle 94
Magersucht...95
6 Bedürfnis nach Kommunikation und Aufmerksamkeitstrieb: Wie es
zusammenhängt...98
Kommunikation findet man bei jedem Lebewesen..................99
Der Drang „sich selbst zum Reizobjekt zu machen" als
Kennzeichen jedes Lebewesens..100
Das Urprinzip allen Seins: Miteinander in Wechselwirkung
treten..101
Der Drang „Energie aufzunehmen bzw. abzugeben": Analogie
zwischen chemischen Reaktionen und Psyche.......................101
Warum „facebook" und andere Internetportale so erfolgreich
sind..102

7 Die menschlichen Bedürfnisse: Folge von physiologischen Bedürfnissen, des Bedürfnisses nach Selbstreplikation und Folge des Aufmerksamkeitstriebs..104

    Einteilung nach Maslow..104

    Alles Streben des Menschen außerhalb der physiologischen Bedürfnisse zielt auf den Erhalt von Aufmerksamkeit ab.......107

8 Der Mensch will tiefer-gehende Aufmerksamkeit um seiner selbst willen...109

    Warum Verachtung so schlimm ist....................................111

    Menschenwürde bei Kant...111

    Der Mensch will eher Aufmerksamkeit bekommen als welche zu geben..114

    Wie man die Sympathie des anderen gewinnt........................115

    Wie man beim anderen Geschlecht punktet............................116

    Warum es schön ist, verliebt zu sein und geliebt zu werden...117

9 Aufmerksamkeitstrieb und Spiritualität.................................120

    Aufmerksamkeitstrieb oder der tiefe unbewusste Drang „Einszusein"?...121

Schlusswort..126

    Literaturverzeichnis...129

Einleitung

Ich beginne diese Zeilen wohl mit einer gewissen Intention:

Ich möchte, dass sie irgendwann von anderen Menschen gelesen werden.

Ich möchte mit diesem Buch (ob bewusst oder unbewusst sei einmal dahingestellt) vor allem eines erreichen: Die Befriedigung meines *Aufmerksamkeitstriebs*.

Tatsächlich bin ich der Überzeugung, dass jeder Mensch ihn besitzt, diesen Drang danach, wahrgenommen zu werden und ich möchte mit den folgenden Seiten darstellen, dass uns eben dieser Trieb noch mehr lenkt als alles andere:

Mehr als Sexualtrieb oder das Bedürfnis nach Liebe (wobei dieser Begriff ja zum Teil unterschiedlich definiert wird).

Ob bewusst oder unbewusst: Der Mensch möchte vor allem auch die Aufmerksamkeit seiner Mitmenschen. Erhält er diese in nicht ausreichendem Maße wird seine Psyche leiden, was letztlich genauso schädlich sein kann wie der dauerhafte Entzug von Nahrung oder Schlaf.

Doch obgleich diese Aussagen nicht so neuartig klingen, haben sich bisher mit dieser Thematik keine bedeutenden Psychologen, Psychoanalytiker, Philosophen oder Soziologen in derartiger Weise auseinandergesetzt wie ich es im Folgenden tun werde.

1 Was soll man unter Aufmerksamkeit verstehen?

„Jeder weiß, was Aufmerksamkeit ist. Es ist die Besitzergreifung des Geistes, in deutlicher und lebhafter Weise, von einem von anscheinend mehreren gleichzeitig möglichen Objekten oder Gedankengängen. Zuwendung und Konzentration des Bewusstseins gehören zu ihren Voraussetzungen. Sie impliziert Vernachlässigung einiger Dinge, um andere besser verarbeiten zu können, und sie ist ein Zustand mit einem echten Gegenteil, nämlich dem verwirrten, benommenen, zerstreuten Zustand, der auf Französisch distraction und auf Deutsch Zerstreutheit heißt."(William James, 1890).

Auch wenn es für den damaligen Psychologen (übrigens einer der ersten seiner Zunft) Ende des 19. Jahrhunderts klar zu sein schien, was man unter „Aufmerksamkeit" zu verstehen hat, hat sich die neurobiologische und psychologische Forschung in den letzten Jahrzehnten eingehender mit dem Thema beschäftigt.

Auf einige relevante Forschungsergebnisse und Definitionen möchte ich im Folgenden eingehen.

Aufmerksamkeit ist nach Bleuler die Zuweisung (beschränkter) Bewusstseinsressourcen auf Bewusstseinsinhalte, beispielsweise auf Wahrnehmungen der Umwelt oder des eigenen Verhaltens und Handelns, sowie Gedanken und Gefühle. Als Maß für die Intensität und Dauer der Aufmerksamkeit gilt die *Konzentration* (Bleuler 1916/1983).

Aufmerksamkeit, die auf das Eintreffen spezifischer Ereignisse fokussiert ist, bezeichnet man als *Vigilanz*.

Neurobiologische und kognitive Aspekte

Wenn man plötzlich einen lauten Knall hört, kann man nicht anders als diesen wahrzunehmen. Einige Reize ziehen also automatisch Aufmerksamkeit auf sich, andererseits kann die Aufmerksamkeit teilweise intentional gesteuert werden (was man zum Beispiel im Yoga oder autogenen Training praktiziert).

Wird einer Information nicht innerhalb von fünf Sekunden Aufmerksamkeit geschenkt, geht sie verloren.

Der Prozess der Aufmerksamkeitszuwendung ist dabei gekennzeichnet durch Zuwendung (Orientierung) und Auswahl (Selektivität) der Gegenstände und der damit verbundenen Unaufmerksamkeit gegenüber anderen Gegenständen. Die Zuwendung ist durch eine gesteigerte Wachheit und Aktivierung charakterisiert, während die Selektivität die Funktion eines Filters hat, um wichtige und unwichtige Informationen voneinander zu trennen.

Somit kann Aufmerksamkeit auch als *knappe psychische Ressource* bezeichnet *werden.*

Vom Gehirn als relevant eingestuft werden zu allererst *Gefahrensignale*, außerdem *Unbekanntes*. So werden einerseits neuartige Reize mit Aufmerksamkeit bedacht (*Orientierungsreaktion*, *Neugier*). Andererseits richtet sich die Aufmerksamkeit quasi automatisch auf emotional belegte Informationen (was man unter Emotionen zu verstehen hat, werde ich in einem späteren Kapitel behandeln).

Bedürfnisse, Interessen, Einstellungen und Motive spielen bei der Verteilung von Aufmerksamkeit also ebenfalls eine große Rolle.

Somit kann man feststellen:

Ich bin oftmals nicht frei in meiner Auswahl, welchem Objekt (Tätigkeit, Person u.s.w), bzw. welchem Reiz ich Aufmerksamkeit schenke.

Ob man überhaupt eine ,,bewusste Wahl" treffen kann, wem oder was ich Aufmerksamkeit zuwende, ist nach dem jetzigen Stand der Wissenschaft nicht eindeutig zu sagen. *Auch kann man nicht falsifizieren, um es mit den Worten der Philosophen zu sagen, dass der Mensch eigentlich keine freie Wahl hat, welchem Reiz er Aufmerksamkeit schenkt*. (Eine Falsifikation besteht aus dem Nachweis immanenter Inkonsistenzen bzw. Widersprüche (*Kontradiktion*) oder der Unvereinbarkeit mit als wahr akzeptierten Instanzen (*Widerspruch zu Axiomen*) oder aus der Aufdeckung eines *Irrtums*. Methodisch konfrontiert man die widersprüchlichen Aussagen, die aus der Ausgangsbehauptung folgen, als Gegenhypothese oder Antithese).

Aufmerksamkeit und Bewusstsein

Die Aufmerksamkeit ist eng mit unserem *Bewusstsein* verbunden, denn die Aufmerksamkeitszuwendung zu einem Reiz oder einem Gedanken ist die notwendige Bedingung dafür, dass uns dieser bewusst wird.

Meiner Ansicht nach kann mich nur das beeinflussen, was ich vorher bewusst verarbeitet habe.

(Auch wenn viele Hypnotiseure davon ausgehen, dass man auch im Zustand der Bewusstlosigkeit Gespräche verarbeitet, so dass man später davon unbewusst beeinflusst werden kann).

Nur das, was ich einmal bewusst wahrgenommen und verarbeitet habe, kann mich später unbewusst beeinflussen, so meine Theorie.

Führe ich beispielsweise eine konzentrierte Unterhaltung in einem Café mit jemand, so dass ich das Gespräch neben mir nicht beachte, obwohl es von der Lautstärke her möglich wäre, wird mich dieses nicht bewusst wahrgenommene Gespräch später auch nicht beeinflussen, da ich ihm keine Aufmerksamkeit geschenkt habe.

Da ich allerdings oftmals nicht kontrollieren kann, welchen Reiz ich beachte, und somit was in mein Bewusstsein gelangt, könnte man doch von der zumindest teilweisen Unfreiheit des Menschen bezüglich seines Willens, Denkens und damit Handelns sprechen.

Doch dazu später mehr.

Aufmerksamkeit als Wahrnehmungsfokus

Bestimmte Ereignisse verursachen also eine Fokussierung der Aufmerksamkeit auf einzelne Objekte des Wahrnehmungsbereiches.

Die Zuwendung der Aufmerksamkeit hängt von bestimmten Eigenschaften der Objekte ab, vor allem vom Ausmaß der Abweichung von einem Mittelwert:

- Größe und Reizintensität (heiß-kalt, hungrig-satt)
- Bewegung (Abweichen der Bewegung eines Objekts von anderen Objekten, sich nähernde Objekte, etc.)
- Farbigkeit (Kontraste, bestimmte Farbkombinationen)
- scharfe und Begrenzung
- Symmetrie
- eine Position an bestimmter Stelle des Gesichtsfeldes, z. B. links oben

Da folglich die Beschaffenheit des Reizes entscheidend dafür ist, ob ich ihm Aufmerksamkeit schenke, könnte man sozusagen von der *reizgesteuerten*

Natur des Menschen sprechen, obgleich man sicherlich oft der Meinung ist, man habe ,,selbst" oder freiwillig entschieden, wen oder was ich beachte.

Diese Tatsache macht man sich auch in der Werbung zunutze.

Umfang der Aufmerksamkeit beim Sehvorgang

Der Umfang der visuellen Aufmerksamkeit wird durch die Anzahl gleichartiger Gegenstände bestimmt, die mit einem Blick, d. h. in etwa 200 Millisekunden wahrgenommen werden können. Beim Erwachsenen sind das 6 bis 12, im Mittel 8 Objekte, bei Kindern weniger. Der Aufmerksamkeitsumfang hängt auch ab von:

- der Art der wahrzunehmenden Gegenstände
- von der Bekanntheit der Gegenstände
- von der Beleuchtungsintensität auf die Gegenstände
- dem Kontrast, unter dem die Gegenstände erkennbar sind
- von der subjektiven Einstellung des Beobachters zu den Typen der Gegenstände.

Richard Pauli zeigte 1914 auch, dass es nahezu unmöglich ist, gleichzeitig einen optischen und einen taktilen Reiz zu beurteilen. Das stützt auch die als Enge des Bewusstseins bezeichnete Annahme, dass sich die Aufmerksamkeit jeweils nur einem Inhalt zuwenden kann. Michael Posner bezeichnete dies als *spotlight*-(Scheinwerfer)-Modell.

Mehrfachleistungen beruhen offenbar auf einem schnellen Wechsel der Zuwendung von einer Aufgabe zu einer anderen, geschieht also letztlich nacheinander.

Somit dürfte auch widerlegt sein, dass Frauen besonders ,,multi-tasking-fähig" sind, da man auch laut der eben beschriebenen Modelle seine

9

Aufmerksamkeit tatsächlich voll und ganz nur auf einen Inhalt bzw. Reiz richten kann. Und dies trifft auf beide Geschlechter zu.

Modelle zur Erklärung der Aufmerksamkeit

Zur Erklärung der Aufmerksamkeit wurden zahlreiche Theorien aufgestellt. Frühe Erklärungsversuche durch *Gottfried Wilhelm Leibniz* (1704) und Wilhelm Wundt (1873) gehen davon aus, die Aufmerksamkeit sei ein innerer Willensprozess und diene der selektiven Ausgliederung von Bewusstseinsinhalten und der *Apperzeption* von Vorstellungen. Die Theorien von *Georg Elias Müller* (1924), H. Henning (1925) und H. Rohrbacher (1953) nehmen im Zentralnervensystem physiologische Mechanismen an, die eine spezifische Erregbarkeitssteigerung bestimmter Bereiche der Hirnrinde und Bahnungseffekte bewirken.

Die *Gestaltpsychologen* negieren die Aufmerksamkeit als eigenständigen Prozess. *Pjotr Jakowlewitsch Galperin* (1968) betrachtete die Aufmerksamkeit als eine besondere Form der *psychischen Tätigkeit*, nämlich als Kontrolltätigkeit, die den Vollzug geistiger Handlungen steuert.

Modernere Modelle gehen von verschiedenen Filtersystemen des Wahrnehmungssystems aus (z.B. *Donald Broadbent* 1958), die an unterschiedlichen Stellen des Wahrnehmungsprozesses eingreifen und die Information selektieren. *So wird die Aufmerksamkeit bei starker persönlicher Relevanz automatisch fokussiert (*Beispiel Cocktailpartyphänomen: Im Stimmengewirr kann man sich bewusst auf eine Stimme fokussieren; wird der eigene Name auf einer lauten Party genannt, wird dies automatisch beachtet). Ähnliches gilt für den so genannten *Pop out-Effekt*: Auf einer Fläche mit gleichförmigen geometrischen Figuren (z.B. Strichen) fällt eine andersartige Figur (Kreis) sofort ins Auge. Dieser Effekt ist bis zu einer

10

gewissen Komplexität und Ähnlichkeit der geometrischen Figuren trainierbar, und es gibt diesen Effekt in ähnlicher Weise auch bei Farben (Textilfacharbeiter können bis zu 300 Rottöne unterscheiden) oder Tönen. *Nicht immer ist uns bewusst, was die Aufmerksamkeit steuert.*

Man kann sich bei manchen Tätigkeiten zur Aufmerksamkeit zwingen, bei anderen Reizsituationen ist es wie gesagt nicht möglich, dieser keine Aufmerksamkeit zu schenken wie z.B. bei einem plötzlichen, unvorhergesehenen lauten Knall.

Eine relativ moderne und immer mehr Anklang findende Theorie der Aufmerksamkeit ist die *TVA ("Theory of visual attention")* von Claus Bundesen. Sie konnte durch ihre Komplexität viele Befunde erklären und ermöglicht durch Formulierung mittels mathematischer Gleichungen eine einfache Modellberechnung von Aufmerksamkeitsprozessen.

Wenn der Aufmerksamkeitsprozess allerdings berechenbar ist, bedeutet es auch, dass das Verhalten des Menschen zumindest zum Teil berechenbar ist.

Will man das Verhalten eines Menschen beschreiben, ist es schließlich notwendig herauszufinden, auf welchen Reiz er reagiert.

Frühe Forschungsergebnisse

Alan T. Welford führte 1952 Untersuchungen zur *psychologischen Refraktärperiode* (psychological refractory period, PRP) durch. In diesen Untersuchungen wurden Testpersonen zwei Reize hintereinander präsentiert, auf die sie jeweils so schnell wie möglich reagieren sollten. Dabei veränderte sich die Reaktionszeit auf den zweiten Reiz in Abhängigkeit vom Zeitintervall zwischen dem Einsetzen des ersten Reizes und dem Einsetzen des zweiten Reizes. Kürzere Zwischenintervalle forderten längere Reaktionszeiten auf den zweiten Reiz. Als Erklärung dieser Befunde gilt der so genannte „Engpass" („bottleneck") im menschlichen Verarbeitungssystem. Da die Verarbeitung von Reizen in Serien erfolgt, muss der erste Reiz bereits verarbeitet sein, bevor die Verarbeitung des zweiten Reizes beginnen kann.

Colin Cherry folgte 1953 mit seinen Tests zum „Dichotischen Hören". Den Versuchspersonen wurde jeweils eine Nachricht auf dem linken und dem rechten Ohr präsentiert (zwei Nachrichten gleichzeitig). Die Nachricht einer Seite sollte laut nachgesprochen werden („shadowing"). *Es zeigte sich, dass bei dieser Testbedingung die nicht beachtete Nachricht nicht erinnert werden konnte.* Ein Wechsel des Geschlechts der Sprecher oder präsentierte Beep-Töne konnten allerdings wahrgenommen werden.

Weitere Untersuchungen zum Thema der selektiven Aufmerksamkeit wurden von Broadbent, Treisman und Deutsch & Deutsch 1983 vorgenommen, deren Theorien im Folgenden erläutert werden sollen.

Theorien zur Informationsverarbeitung

Aus den Erkenntnissen der Paradigmen entwickelte Broadbent 1958 die *Filtertheorie der Aufmerksamkeit*. Sie besagt, dass gleichzeitig dargebotene Inputs parallel bzw. gleichzeitig in eine Art sensorischen Speicher gelangen. Jedoch kann nur ein Input auf der Basis seiner physikalischen Merkmale den so genannten selektiven Filter passieren. Weitere Inputs würden abgeblockt, verbleiben jedoch für Sekundenbruchteile im Speicher für eventuelle spätere Zugriffe. Da es sich um ein strikt serielles (nacheinander)Verarbeitungsmodell handelt, ist ein Filter nötig, um dieses vor Überlastungen zu schützen. *Aber nur Informationen, die diesen Filter zur*

12

weiteren Verarbeitung passiert haben, werden dem Menschen bewusst und können Bestandteil des Langzeitgedächtnisses werden.

1960 entwickelte Anne Treisman die *Attenuations- (Dämpfungs-)theorie* der Aufmerksamkeit. Sie entwickelte diese Theorie unter anderem, weil einige Forschungsergebnisse durch Broadbents Filterheorie nicht ausreichend erklärt werden konnten. Hiermit ist zum Beispiel gemeint, dass beim ,,Split-Span-Paradigma" auf der nicht beachteten Seiten einige Reize doch bemerkt und erinnert werden konnten (Beep-Töne, Sprachwechsel). Auch der sogenannte *Cocktailparty-Effekt* konnte noch nicht erklärt werden. Treismans Theorie zufolge funktioniert der Filtermechanismus nicht nach dem Alles-oder-Nichts-Prinzip, sondern vielmehr nach dem Prinzip eines Dämpfers, indem er die Reizstärke auf dem unbeachteten Kanal reduziert. Folglich können diese Informationen in abgeschwächter Form weitergeleitet und, je nach ihrer Bedeutung, bis zu einem gewissen Grad doch verarbeitet werden.

Entgegen Broadbents und Treismans Vorstellungen gingen *Deutsch & Deutsch* 1963 mit ihrer *Theorie der späten Selektion* davon aus, dass alle sensorischen Signale das gleiche (höchste) Verarbeitungsniveau erreichen, unabhängig davon, ob Aufmerksamkeit auf sie gerichtet ist oder nicht. Durch eine Art parallelen multiplen Vergleichsprozess wird daraufhin das Signal bestimmt, welches für die aktuelle Aufgabe die größte Relevanz besitzt. Folglich wird nur das ,,wichtigste" Signal bewusst und bewirkt eine Reaktion. *Nach dieser Theorie erfolgt die Selektion somit erst nach der vollen Verarbeitung der Signale und auf Grundlage ihrer inhaltlichen Bedeutung.*

Arbeitsgedächtnis

13

Auch gibt es wohl einen Zusammenhang zwischen Aufmerksamkeit und Arbeitsgedachtnis, was bildgebende Verfahren wie funktionelle Magnetresonanztomographie und *EEG* (Elektroenzephalographie)-Studien zeigten. Beide Prozesse rufen sehr ähnliche neuronale Aktivitäten insbesondere im primären *visuellen Cortex* hervor. Daraus kann gefolgert werden, dass sich räumliches Arbeitsgedächtnis und räumliche Aufmerksamkeit ähnlicher Mechanismen bedienen bzw. dass es sich um überlappende Prozesse handelt.

Oder anders gesagt:

Das was in mein Arbeitsgedächtnis gelangt, wurde vorher oder gar gleichzeitig mit Aufmerksamkeit versehen.

Nur der Inhalt, dem ich Aufmerksamkeit geschenkt habe, gelangt ins Arbeitsgedächtnis, somit ins Kurzzeitgedächtnis und kann dann ins Langzeitgedächtnis gelangen, so dass er schließlich mein Denken beeinflussen kann.

Erwecken von Aufmerksamkeit als gesellschaftlicher Wert

Weil die Aufmerksamkeit im Umfang beschränkt ist, ist das Erlangen von Aufmerksamkeit einer oder mehrerer Personen für viele ein wichtiges Ziel.

Ich bin oftmals in der Gesellschaft etwas ,,wert", wenn ich von dieser Aufmerksamkeit erhalte.

Natürlich möchte man in erster Linie positive Beachtung finden, doch wissen vor allem in der Medienbranche Tätige, dass man vor allem auch mit schlechten Nachrichten Aufmerksamkeit erregen kann (,,bad news are good news").

14

Beachtung im Sinne von Anfeindung ist wohl für die meisten nicht erstrebenswert, allerdings bin ich der Überzeugung, dass es für viele Menschen das Schlimmste überhaupt ist, gar gar keine Beachtung zu erhalten.

(Doch dazu mehr im Kapitel „Stalking").

So verweilen manche Menschen lieber in einer disharmonischen Ehe als eine gewisse Zeit mal wieder als Single zu leben.

Sehr schnell erreichen Skandale eine große öffentliche Aufmerksamkeit. *Veränderung erweckt nämlich schneller Aufmerksamkeit als Bleibendes*, bereits die Ankündigung kann Aufmerksamkeit erregen.

Das Erwecken von Aufmerksamkeit kann auch im Rahmen eines Ablenkungsmanövers eingesetzt werden. Diese Taktik nutzen beispielsweise Zauberkünstler oder Taschendiebe.

Zusammenfassung und meine Sicht zum Thema Aufmerksamkeit

Es scheint aus dem bisher Beschriebenen klar geworden zu sein, dass Aufmerksamkeit als knappe psychische Ressource angesehen werden kann.

Was knapp ist, hat oftmals dadurch einen Wert.

Zu einem gegebenen Zeitpunkt kann ich mich beispielsweise nur auf *eine* Aufgabe, einen Menschen oder eine Sinneswahrnehmung bzw. Reiz voll und ganz konzentrieren b.z.w. verarbeiten.

Gewisse Reizsituation „muss" man quasi beachten.

Ich habe also oft keine volle Kontrolle darüber, welchen Reiz ich beachte.

Ähnlich wie ein Tier, das darauf programmiert ist, auf gewisse Schlüsselreize zu reagieren.(Dazu später mehr)

15

Beeinflussen kann mich im Nachhinein nur das, was in mein Langzeitgedächtnis gedrungen ist.

Ins Langzeitgedächtnis kann nur das gelangen, was ins Kurzzeitgedächtnis gedrungen ist.

Ins Kurzzeitgedächtnis gelangt nur, was zuvor mit Aufmerksamkeit versehen wurde.

Doch trotz aller Theorien und Erklärungsmodelle bleiben Fragen offen.

Inwieweit nämlich der Mensch überhaupt frei in seiner Wahl der Aufmerksamkeitslenkung ist, kann mit bisherigen Forschungsmethoden nicht eindeutig beantwortet werden.

Eines kann man aber mit Sicherheit aussagen:

Gewissen Reizmustern muss man Aufmerksamkeit schenken, vor allem wenn es sich neuartiges oder stark von seiner äußeren Umgebung abweicht.

Somit verhält sich der Mensch zumindest zeitweise wie eine Marionette seiner Umwelt.

2 Biologisches und psychologisches Hintergrundwissen

Um das Verhalten des Menschen zu erklären werden oft Vergleiche aus dem Tierreich herangezogen.

Psychologische Theorien bedienen sich dabei bekannter Modelle und modulieren diese teilweise.

Auf einige grundlegende Theorien, die auch im Zusammenhang mit dem Aufmerksamkeitstrieb relevant sind, möchte ich im Folgenden eingehen

Hat der Mensch einen freien Willen?

Aus dem bisher beschriebenen wurde klar, dass der Mensch sozusagen bei entsprechender Reizsituation dazu gezwungen wird, seine Aufmerksamkeit auf eben diesen Reiz zu lenken.

Doch wie frei ist der Wille eines Menschen überhaupt?

Wissenschaftler des Max-Planck-Instituts für Neurowissenschaften aus Leipzig wollen gezeigt haben, dass der Mensch Marionette seiner Hirnchemie ist.

So konnten die Forscher voraussagen, welche Wahl der Proband treffen würde, Sekunden bevor er bewusst entschieden hatte.

Die Forscher schlussfolgern daraus, dass der Mensch keinen freien Willen besitzt.

Nun sollte man bei solcher Art von Experiment auch immer ein bisschen skeptisch sein.

Durch die beim Experiment eingesetzten Mittel fokussiert man sich beispielsweise auf elektrophysiologische Veränderungen im Gehirn, die mit einer Veränderung im Neurotransmittersystem (also der Botenstoffe im Gehirn) einhergehen.

Wenn es nun aber noch eine andere „Kraft" als die „Hirnchemie" b.z.w. die Aktivität von Hirnzellen gibt, die einen dazu treibt, dieses oder jenes zu tun, sozusagen eine Kraft, die wiederum den Hirnstoffwechsel beeinflusst, kann diese Kraft ja mit Apparaten, die Veränderungen in Hirnbereichen aufdeckt, sichtbar gemacht werden.

Sind es also wirklich nur die äußeren Reize oder Botenstoffe im Gehirn, die uns lenken oder gibt es noch eine andere Kraft, die einen zu einem gewissen Verhalten treibt.

In den folgenden Seiten wird dargelegt, dass der Mensch sowohl von äußeren Reizen als auch von inneren Drängen und Trieben gelenkt wird.

Dass dem psychologischen Konstrukt „Aufmerksamkeitstrieb" dabei eine besondere Bedeutung zukommt, wird nach dem Lesen dieses Buches klar werden.

Schlüsselreizkonzept bei Mensch und Tier

Als *Schlüsselreiz* gilt innerhalb der *Instinkttheorie* ein Reizmuster (also ein spezifischer Reiz oder eine Kombination bestimmter Merkmale), das bei *Wahrnehmung* mit einer *Instinktbewegung* beantwortet wird. Häufig wird ein solcher Reiz auch Auslöser genannt, und zwar vor allem dann, wenn er von einem Sozialpartner ausgeht und das *Sozialverhalten* beeinflusst; Den Reizfilter, der das Erkennen der Auslöser ermöglicht, also „relevant" von „irrelevant" scheidet und somit die arteigene Instinktbewegung in Gang setzt, bezeichnen die Vertreter der *klassischen vergleichenden Verhaltensforschung* als *angeborenen Auslösemechanismus (AAM)*.

Das Konzept impliziert folglich, dass das Verhalten des Tieres als vorwiegend reiz und instinktgesteuert erklärt werden kann.

Allerdings dürfte auch zu bedenken sein, dass Verhaltensbiologen Verhalten ja im Endeffekt nur beobachten können.

Folglich müssen sie eine Reaktion auf ein äußeres Reizmuster auch dahingehend interpretieren, dass der äußere Reiz dafür verantwortlich war.

Welche endogenen (inneren) Faktoren, wie beispielsweise hormonelle Einflüsse, oder welche Konditioniereffekte (im weitesten Sinne also frühere Lernprozesse) eine Rolle spielen, sind schwerer bis überhaupt nicht zu erkennen.

Somit kann die Verhaltensforschung das Verhalten nur unvollständig erklären, wenngleich sie natürlich gute Erklärungsmodelle liefert, auf welche aufgebaut werden kann.

Doch dazu später mehr.

Angeborener Schlüsselreiz

Angeborener Auslösemechanismus (AAM)

Der Begriff „Schlüsselreiz" entstand zunächst als Ergänzung zur seit ca. 1900 üblichen Deutung von *Verhalten* als Aneinanderreihung von *Reflexen*. Die Vertreter der *Instinkttheorie* fügten dem Reiz-Reaktions-Konzept dann die Komponenten Schlüsselreiz, angeborener Auslösemechanismus (AAM) und innere Handlungsbereitschaft hinzu.

Dem anschaulichen Begriff „Schlüsselreiz" liegt die Vorstellung zugrunde, dass die auslösenden Merkmale einem Schlüssel gleichen, dessen Bart passgenau in ein Schloss eingeführt werden kann und dieses öffnet. Die Bauteile des Schlosses und deren Anordnung entsprechen dem *angeborenen Auslösemechanismus* (AAM). Da der AAM auch die folgende Instinktbewegung des Individuums in Gang setzt, muss ihm – um bildlich zu sprechen – auch die Mechanik zum Öffnen der Tür als „Bauteil" zugeschrieben werden.

Eigenschaften und Wirkungen von Schlüsselreizen

Ein Schlüsselreiz wird in der *ethologischen* Literatur häufig wie folgt beschrieben:

- Er ist einfach, besteht also nur aus wenigen Merkmalen
- er ist auffällig
- er ist eindeutig

Dabei ist beispielsweise nicht das „gesamte" Weibchen" Auslöser für Balzverhalten, sondern etwa eine bestimmte arttypische Färbung in Kombination mit einem bestimmten Geruch oder Balzgesang.

Dieses Beispiel verdeutlicht auch, dass die einem Schlüsselreiz zugeordnete und ihm nachfolgende Verhaltensweise auf verschiedene Weise ausgelöst werden kann, insbesondere:

- visuell: zum Beispiel durch eine besondere Bewegungsabfolge
- chemisch: hauptsächlich durch Pheromone *(Lockstoffe)*
- akustisch: zum Beispiel durch Warnrufe
- taktil: zum Beispiel durch eine spezielle Art der Berührung

Ein bestimmter Schlüsselreiz wird dabei einer bestimmten Reaktion zugeordnet.

- Das Erschüttern des Nestes durch landende Eltern löst bei blinden Amseljungen das *Sperren* der Schnäbel aus. Farbe und Farbmuster der geöffneten Schnäbel der Jungen lösen bei den Elterntieren das Füttern aus.
- Ein in geringer Entfernung vorbei fliegendes, kleines Objekt verursacht beim Frosch das schnelle und zielgerichtete Ausstrecken der klebrigen Zunge

Schlüsselreize können auch nach ihrer Wirkung unterschieden werden:

- Sind können motivierend sein und beeinflussen dadurch die Handlungsbereitschaft (die *Motivationsstärke*)
- lösen sie eine *Taxis* aus, das ist eine Ausrichtung auf ein bestimmtes Objekt
- sind sie (im engeren Sinne) auslösend, folgt ihnen unmittelbar eine *Endhandlung* nach

Kontroverse Diskussion um das Schlüsselreiz-Konzept

Das ,,angeborene Erkennen" einer biologisch relevanten Umweltsituation ist sowohl von Verhaltensforschern als auch Neurophysiologen mehrfach bestätigt worden und gilt als gesichert - weniger gesichert ist allerdings, wie der Umweltreiz genau beschaffen sein muss, der dank des postulierten AAM situationsgerecht beantwortet werden kann. *Problematisch ist außerdem, dass es sich beim Zusammenspiel von Schlüsselreiz, AAM, aktionsspezifischer Energie und Instinktbewegung nur um eine für den Beobachter erkennbare Reaktion auf einen äußeren Reiz handeln kann, dass rein innere Prozesse also ausgeklammert bleiben. Zudem wurden mitunter Schlüsselreize postuliert, was sich bei genauerer Untersuchung als Fehlschluss herausstellte.*

Eine Hausmaus-Mutter wird ihre Jungen zu ihrem Nest zurückbringen, wenn sie versehentlich aus diesem geraten sind. Als auslösende Reize hatten viele Verhaltensforscher (u.a. in den 1950er Jahren auch Irenäus Eibl-Eibesfeldt) die fiependen Laute der Nestlinge postuliert. U.a. konnte Wellmann 1989 zeigen, dass auch tote Jungen und selbst Kadaverteile eingetragen werden. Somit erwies sich die Beschreibung der Lautäußerungen als Schlüsselreiz zum Eintrageverhalten als falsch; aber bis heute konnte nicht sicher geklärt werden, welches Reizmuster tatsächlich als Schlüsselreiz fungiert.

Man sieht folglich, dass es sogar bei Tieren mitunter schwierig ist, das Verhalten eindeutig zu erklären.

Umso vorsichtiger sollte man damit umgehen, wenn man menschliches Verhalten mittels Tiermodelle beschreiben b.z.w. erklären will.

In der ethologischen Fachliteratur wird ein Schlüsselreiz zudem regelmäßig durch seine Fähigkeit definiert, die von einem AAM am „Abfließen" gehinderte aktionsspezifische Energie freizusetzen und so eine Instinktbewegung auszulösen. Gleichwohl wird umgekehrt häufig der AAM (also das Zeigen einer situationsgerechten Verhaltensweise) als Beleg für die Existenz eines Schlüsselreizes ausgewiesen – was einem Zirkelschluss entspricht.

Diese definitorischen Schwierigkeiten, Unsicherheiten beim exakten Beschreiben der Merkmale, die einen Schlüsselreiz ausmachen und das Fehlen einer physiologischen Entsprechung zu aktionsspezifisch bereitgestellten „Energien" haben u.a. 1990 *Wolfang Wickler* und 1992 *Hanna-Maria-Zippelius* dazu veranlasst, den Verzicht auf das *Instinktmodell* der klassischen vergleichenden Verhaltensforschung zu fordern.

Gleichwohl halten andere Ethologen an dem sehr anschaulichen Begriff Schlüsselreiz auch aus didaktischen Gründen fest. Als allgemeingültiges Prinzip für das Herbeiführen jeglicher Verhaltensweise wird das Schlüsselreiz-Konzept aber auch von den verbliebenen Vertretern der *Instinkttheorie* nicht mehr betrachtet.

Erlernter Schlüsselreiz

Ein Schlüsselreiz kann durch *Prägung* in einer bestimmten, sensiblen Lebensphase auch erlernt werden. Solche erlernten Schlüsselreize sind jedoch oft schwer bis überhaupt nicht von angeborenen Schlüsselreizen und *konditioniertem Verhalten* zu unterscheiden.

Trigger

Unter *Trigger* versteht man Sinneseindrücke, die Erinnerungen an alte Erfahrungen in einer Art wecken, als ob diese Erfahrung noch einmal durchlebt würde. Diese Erinnerung erfolgt oft plötzlich und von heftigen Reaktionen begleitet. Die damaligen Gefühle werden sozusagen noch einmal erlebt. Man spricht von *Flashback*. Die reale aktuelle Situation wird dann vom Betroffenen kaum mehr wahrgenommen. Er reagiert so, als würde er sich in der alten, erinnerten Situation befinden.

Als Trigger können sogar schwache Signale wirken, beispielsweise ein Geruch, ein Geräusch oder auch ein Name. Sie stehen meist im Zusammenhang mit schweren seelischen oder körperlichen Verletzungen (*posttraumatische Belastungsstörung*).

Es können folglich auch Gedächtnisinhalte als Triggerreize fungieren.

Dies allerdings ist von außen allein durch Verhaltensbeobachtung nur schwerlich fassbar, wenn man das Tier oder den Menschen, der in solcher Art und Weise reagiert, nicht schon länger kennt.

Balzverhalten: Folge des Aufmerksamkeitstriebs

Auch wenn Evolutionsbiologen betonen, dass Evolution im Endeffekt kein Ziel kennt, erklären sie Verhalten bei Tieren manchmal so, als wüssten diese, was sie tun.

So spricht man beispielsweise in solcher Art und Weise:

Das Männchen balzt, um schließlich mit einem Weibchen kopulieren zu können.

Wenn man das Verhalten des Tieres interpretiert, scheint dies durchaus auch so zuzutreffen, doch was kann man streng genommen überhaupt beobachten?

Balzen impliziert, dass Weibchen in der Nähe sind, die das Verhalten wahrnehmen und unter Umständen mit Paarungsbereitschaft darauf reagieren.

War das Balzen erfolgreich, wird sich also das Weibchen auf die Kopulation einlassen.

Das Männchen wollte auf Grund seines inneren Dranges zunächst einmal eines:

Aufmerksamkeit erregen beim Weibchen ohne zu wissen, dass es dann Sex gibt.

Wüsste es dieses, müsste man dem Tier ja unterstellen, dass es in die Zukunft planen kann und man könnte nicht mehr nur von Instinkt bzw. angeborenem Verhalten sprechen.

Viele Wissenschaftler sind aber nach wie vor der Ansicht, dass es so etwas wie Einsicht bei Tieren und seien sie auch noch so intelligent, gar nicht gibt, auch wenn sie zum assoziativen Lernen durchaus in der Lage sind.

(Dabei verbindet das Tier eine bestimmte Aktion mit einem Ergebnis wie einer Belohnung und wiederholt die Handlung, um das gleiche Ergebnis zu erzielen).

Balzverhalten am Beispiel der Fliege: Komplett genetisch vorprogrammiert

Dass das Balzverhalten aber tatsächlich – zumindest bei der Fruchtfliege - komplett genetisch vorprogrammiert ist und somit nichts tatsächlich Geplantes mit einer bewussten Absicht, konnte nun durch Forschungsarbeiten an der Drosophila-Fliege gezeigt werden.

Neurobiologen des Wiener Instituts für Molekulare Pathologie (IMP) haben den Schaltplan aller Gehirnzellen entschlüsselt, die am Balzverhalten von Fruchtfliegen beteiligt sind. Dabei zeigte sich, dass die Nervenzellen in Gehirnen von Weibchen und Männchen unterschiedlich verdrahtet sind.

Identische über die Sinnesorgane aufgenommene Reize führen daher zu geschlechtsspezifischen Reaktionen, schreiben die Forscher in der Wissenschaftszeitschrift ,,Current Biology".

Die Männchen von Fruchtfliegen (Drosophila) vollführen ein komplexes Balzritual, um ein Weibchen zu umwerben. Umhertänzeln, Riechen, Betasten und eine Art Gesang durch Vibration der Flügel gehören zum ,,Balz"- Repertoire. Das Programm dafür ist im Gehirn der Fliege abgespeichert, männliche Fruchtfliegen kommen schon mit dem Wissen auf die Welt, wie man erfolgreich balzt, so die Forscher. Sie müssen es sich also beispielsweise nicht erst von Artgenossen abschauen.

Die dafür notwendige ,,Hardware" ist ein Netzwerk von miteinander verbundenen Nervenzellen, vergleichbar den elektronischen Schaltkreisen auf einer Platine.

Für seine Doktorarbeit hat der australische Biomediziner Jai Yu ein aufwändiges Verfahren entwickelt, mit dem er alle Balzverhalten beteiligten Neuronen darstellen konnte. Dafür untersuchte er die einen halben

Millimeter großen Gehirne von mehr als 3.000 Fliegen, in denen jeweils eine bestimmte Gruppe von Neuronen mit fluoreszierenden Proteinen markiert war.

Die Wissenschaftler können damit zum ersten Mal den Schaltplan eines tierischen Instinktverhaltens überblicken. Von den Eingangssignalen aus den Sinnesorganen bis zu den Bewegungsimpulsen an die Muskulatur umfasst der Schaltkreis für das Balzverhalten rund 1.500 Neuronen, also ca. zwei Prozent aller Nervenzellen im Fliegenhirn.

Die Untersuchungen brachten noch eine weitere Erkenntnis hervor: Die etwa gleich großen Schaltkreise von Männchen und Weibchen ähneln einander zwar bei oberflächlicher Betrachtung. Im Detail zeigte sich aber, dass die Neuronen im männlichen und weiblichen Gehirn unterschiedlich verdrahtet sind - was zu dem geschlechtsspezifisch unterschiedlichen Verhalten führt.

Durch diese bahnbrechenden Ergebnisse scheint nur wieder eines belegt zu sein:

Viele Verhaltensweisen des Tieres sind komplett genetisch vorprogrammiert, sie müssen also nicht erst erlernt werden und werden bei Wahrnehmung eines adäquaten Schlüsselreizes ausgelöst.

Oder anders ausgedrückt:

Bei einem spezifischen Reiz kommt es zur Aktivierung spezieller Schaltkreise im Gehirn, was dann zum Beispiel zum Balzverhalten führt.

Die männliche Fruchtfliege kann folglich nicht anderes als zu balzen.

Sie scheint Marionette der Gehirnchemie.

Allerdings dient dieses Verhaltensmuster wiederum dazu, sich selbst zum Reizobjekt zu machen, dass also das Weibchen reagiert.

Das Gehirn beantwortet also spezifische Reize mit bestimmten Befehlen, so dass wiederum der Aufmerksamkeitstrieb befriedigt werden kann.

Allerdings ist der Aufmerksamkeitstrieb im Gegensatz zur Aktivität von Gehirnneuronen von Neurobiologen nicht beobachtbar.

Und auch bei dieser Art des Versuchs sei noch einmal darauf hingewiesen, dass man sich ja auf die Beobachtung von Nervenzellen, Genen, äußeren Reizen und Verhalten beschränkt hat.

Wenn es also noch eine andere „Ursache" für das Verhalten als Hirnchemie oder Gene gibt, könnte man sie mit dieser Art des Versuchsaufbaus nicht sichtbar machen.

Evolutionsbiologen würden es eben auch so erklären: Die Weibchen mussten selektieren, von welchem Männchen sie sich begatten lassen.

Als Selektionskriterium diente ihnen das beschriebene Balzverhalten.

Erregung von Aufmerksamkeit zur Gewinnung eines Fortpflanzungspartners

Da bei den meisten Tierarten das Männchen weniger Aufwand treibt als das Weibchen, findet man Konkurrenz der Männchen und Wahl der Weibchen am häufigsten, so die Theorie der Evolutionsbiologen.

Weibchen treffen daher meist die Entscheidung, mit welchem Männchen sie sich verpaaren. Die Partnerwahl orientiert sich dabei an bestimmten Merkmalen der Männchen. Diese Merkmale *korrelieren* (Korrelation = Wechselbeziehung) oftmals, aber nicht immer mit der genetischen Fitness: (unter genetischer Fitness versteht man die Wahrscheinlichkeit, dass sich die Gene eines Individuums zahlreich fortpflanzen).

Je stärker oder besser die Merkmale ausgeprägt sind, umso größer ist die genetische Fitness der Männchen. Durch die Auswahl desjenigen

Männchens mit der besten genetischen Fitness wird die Fitness der Nachkommen erhalten oder sogar erhöht.

Gleichzeitig werden diejenigen Gene, die das Weibchen veranlassen, auf diese Weise auszuwählen, an die nächste Generation weitergegeben.

Beispiele für Auswahlkriterien:

- Rufe oder Gesang: Lautstärke (Laubheuschrecke), Frequenz (amerikanische Kröte), Dauer (amerikanischer Grüner Laubfrosch), Komplexität (Tungara-Frosch)
- Reichhaltigkeit des Gesangsrepertoires (nordamerikanische Singammer)
- Balzhäufigkeit (nordamerikanisches Beifußhuhn)
- Körpergröße (Buntbarsch)

Da Weibchen keineswegs bewusst die Entscheidung treffen, wen sie als Fortpflanzungspartner wählen, sondern Instinktiv auf gewisse Reize reagieren, dient folglich das sogenannte Balzen einzig einem Zweck: Erregung von Aufmerksamkeit. Ist das Weibchen zufällig in der Paarungszeit, wird es sich daraufhin mit einem Männchen paaren.

Welche Merkmale von den Weibchen als *Indikatoren* für genetische Fitness gewählt werden, ist zunächst *zufällig* oder hängt von den *sensorischen* Vorlieben der Weibchen ab. So ist bei einer Tierart eine bestimmte Färbung ausschlaggebend (*Guppy* mit rotem Bauch), bei anderen eine bestimmte Lautäußerung (Grillen-Gesang). Korrelieren Merkmal und Fortpflanzungserfolg miteinander, wobei kein direkter physiologischer Zusammenhang bestehen muss, wird in einem positiven Rückkopplungsprozess die Ausprägung dieses Merkmals verstärkt, was zu extremen Ausformungen führen kann, *die die allgemeine Fitness der*

Männchen wieder beeinträchtigen können. (Das Merkmal „läuft weg" = runaway-Selektion)

Bei Pfauen haben die Weibchen umso mehr Nachkommen, je prächtiger die Männchen sind, mit denen sie sich paaren. *Ronald Fisher* stellte deshalb 1915 die Hypothese auf, dass die sekundären Geschlechtsmerkmale wie das Prachtgefieder des Pfaus Indikatoren für genetische Fitness („gute *Erbanlagen"/*„good genes"-Hypothese) sind.

Oder anders ausgedrückt: Wenn ein Männchen trotz extremer Auffälligkeiten überleben kann, obwohl es ja leichter von anderen Räubern entdeckt werden kann, muss es ansonsten recht fit sein.

Dass die Weibchen allerdings besonders auffällige Männchen bevorzugen, kann durch das Konzept des *überoptimalen Schlüsselreizes* und der doppelten Quantifizierung erklärt werden: Je stärker ein Reiz ist, umso stärker ist die Reaktion. Je prächtiger also das Gefieder des Pfauenhahnes ist, umso eher wird es vom Weibchen gewählt. In Attrappenversuchen lässt sich feststellen, dass auf einzelne, isolierte Komponenten eines komplexen Schlüsselreizes bei Überoptimierung der Attrappe stärkere Reaktionen erfolgen als bei naturgetreuen Attrappen. Damit ist gewährleistet, dass auch bei schwächerer Ausbildung einzelner Komponenten der Schlüsselreiz insgesamt noch wirksam ist.

Letztlich kann man sagen, dass im Laufe der Evolution das Erregen von Aufmerksamkeit beim anderen Geschlecht und Fortpflanzungserfolg miteinander einher gegangen sind.

Es ist also so, dass es den Weibchen eben angeboren ist, auf ein gewisses Reizmuster zu reagieren.

Wird dies dargeboten, sind sie auch eher bereit sich zu paaren, was aufgrund ihrer genetischen Veranlagung so passiert und nicht weiter hinterfragt wird.

Somit haben eben die Männchen den größten Fortpflanzungserfolg, die am stärksten beachtet werden.

Welche Schlüsselreize dies im Einzelfall sind, kann dabei wie geschildert, von Art zu Art variieren.

Obwohl das Balzverhalten auch mit Energieaufwand verbunden ist, hat es sich evolutionär gesehen bei vielen Arten erhalten.

Die Männchen fallen also nicht einfach so über die Weibchen her.

Im Durchschnitt hat das Weibchen ,,noch ein Wörtchen mit zu reden" und paart sich nur dann ,,freiwillig", wenn es auf einen entsprechenden Schlüsselreiz stößt.

Da ein Männchen, das mit einem künstlichen überoptimalen Reiz ausgestattet ist, nicht automatisch das genetisch fittere sein muss, erkennt man wieder die reizgesteuerte Natur von tierischem Verhalten, welches nicht weiter hinterfragt wird. Von einer ,,bewussten Absicht" ist also nicht auszugehen.

,,Survival of the fittest" bedeutet eben das zu einem Zeitpunkt zufällig am besten an an die Umwelt angepasste bzw. bevorzugte Merkmal bzw. Verhalten.

Im Bezug auf die Weitergabe der Gene könnte man es auch wie folgt formulieren:

Das Tier, das die meiste Aufmerksamkeit bei den Geschlechtspartnern erregen konnte und natürlich fertil war/ist, kann sein Erbgut am besten weitergeben.

Das Tier selbst wiederum „möchte" (Die Hirnchemie gibt ihm das letztlich so vor) eben auch vom Weibchen beachtet werden.

Erst ist also davon auszugehen, dass auch das Tier einen inneren Spannungszustand erlebt, den es (beispielsweise inform von Balzverhalten) abbauen möchte.

Erst wenn es also beispielsweise vom Weibchen in „gewünschter" Weise beachtet wurde, (also etwa inform von Kopulation) ist der Trieb befriedigt und andere Triebe können beachtet werden.

Tierbeobachtung übertragbar auf den Menschen?

Wie beschrieben bereitet es schon Schwierigkeiten, tierisches Verhalten mittels gängiger Modelle und Theorien einwandfrei zu beschreiben.

Nicht einfacher wird es folglich sein, menschliches Verhalten auf tierische Grundinstinkte zurückzuführen.

Der vererbte Instinkt auf Schlüsselreize zu reagieren ist Bestandteil des menschlichen Verhaltens

Nichtsdestotrotz finden sich sowohl bei Tier als auch bei Mensch vererbte Reiz-Reaktionsschema.

Wir reagieren auf das sogenannte Kindchenschema und finden deshalb Tier oder Menschenbabies niedlich.

Es ist uns Menschen ohne Zweifel also angeboren, auf gewisse Reizmuster in einer speziellen Art und Weise zu reagieren genau wie Tiere.

Dieser angeborene Teil unseres Verhaltens ist vom Menschen folglich auch nicht zu kontrollieren.

Zusammenhang zwischen Aufmerksamkeitstrieb und angeborenem Verhalten auf Reize zu reagieren

Schon bei Tieren scheint es schwierig zu sein, den spezifischen Schlüsselreiz, auf den reagiert wird, stets zu konkretisieren. Vor allem bei höher entwickelten Tieren.

Gewisse Reiz-Reaktions-Schemata sind aber eindeutig nachgewiesen, so dass man sagen kann, dass es sowohl Mensch und Tier angeboren ist, auf gewisse Reize, die z.B. durch Prägungen oder Konditionierungen moduliert werden können, zu reagieren.

Der Aufmerksamkeitstrieb treibt einen wiederum dazu, sich selbst zum Reizobjekt zu machen.

Weder Biologen noch Psychologen haben den Begriff „Aufmerksamkeitstrieb" bisher näher definiert b.z.w. beschrieben.

Was es konkret mit dem „Aufmerksamkeitstrieb" auf sich hat, und wie stark wir Menschen oder sogar jedes Lebewesen davon gelenkt werden, möchte ich im Folgenden versuchen darzulegen.

2.1 „Trieb" und was man darunter verstehen soll

Da es in meinem Buch ja um den „Aufmerksamkeitstrieb" geht, möchte ich im Folgenden auf den „Begriff „Trieb" eingehen.

Was versteht man also derzeit innerhalb der psychologischen und biologischen Forschung darunter?

In der Psychoanalyse und der Verhaltensbiologie wird damit ein innerer Antrieb zur Befriedigung von *Bedürfnissen* bezeichnet.

Man spricht auch von *instinktivem* Verhalten. Was versteht man nun allerdings wieder unter instinktiv?

Otto Klineberg nannte drei Kriterien, die erfüllt sein müssen, um auch beim Menschen von Instinkt reden zu können:

- *Phylogenetische Kontinuität:* Das Verhalten muss bei unterschiedlichen *Gattungen* zu beobachten sein, vor allem bei *Menschenaffen* - vereinfacht gesagt: bei Mensch und Tier.

- *Biochemische und physiologische Grundlagen:* Das Verhalten muss im menschlichen Organismus eine *Prädisposition* aufweisen, also dort verankert sein.

- *Universalität des Verhaltens:* Das Verhalten muss in allen Gesellschaften bzw. Kulturen vorzufinden sein - vereinfacht gesagt: bei allen Menschen.

Auch wenn daraus eine gewisse Überschaubarkeit resultieren sollte, stellte L.L. Bernard 1926 einen Katalog der in der Literatur gefundenen Instinkte zusammen und fand 5.684 verschiedene. Heute vermeiden Psychologie und Verhaltensbiologie daher weitgehend die Bezeichnung *Instinkt* und benutzen lieber Begriffe wie *angeborenes Verhalten.*

Triebbegriff innerhalb der Psychoanalyse

Freud schrieb 1905: „Unter einem Trieb können wir zunächst nichts anderes verstehen als die psychische Repräsentanz einer kontinuierlich fließenden, innersomatischen Reizquelle, zum Unterschiede vom Reiz, der durch vereinzelte und von außen kommende Erregungen hergestellt wird. Trieb ist so einer der Begriffe der Abgrenzung des Seelischen vom Körperlichen."

Freud beschreibt hier den Trieb als psychische Größe, jedoch ist sein Triebkonzept äußerst schwankend und von ständigen Umformulierungen begleitet.

Wilhelm Reich beschrieb den Begriff wie folgt: „Es ist vollkommen logisch, dass der Trieb selbst nicht bewusst sein kann, denn er ist dasjenige, was uns regiert und beherrscht. Wir sind sein Objekt. Denken wir an die Elektrizität. Wir wissen nicht, was und wie sie ist. Wir erkennen sie nur an ihren Äußerungen, am Licht und am elektrischen Schlag. Die elektrische Welle kann man wohl messen, doch auch sie ist nur eine Eigenschaft dessen, was wir Elektrizität nennen und eigentlich nicht kennen. So wie die Elektrizität messbar wird durch ihre Energieäußerungen, so sind die Triebe nur durch Affektäußerungen erkennbar."

Freud beschreibt die zentralen Qualitäten des Triebes 1905 wie folgt: „Die Quelle des Triebes ist ein erregender Vorgang in einem Organ und das nächste Ziel des Triebes liegt in der Aufhebung des Organreizes". „Auf dem Wege von der Quelle zum Ziel wird der Trieb psychisch wirksam. Wir stellen ihn uns vor als einen gewissen Energiebetrag, der nach einer bestimmten Richtung drängt. (…) Das Ziel kann am eigenen Körper erreicht werden, in der Regel ist ein äußeres Objekt eingeschoben, an dem der Trieb sein äußeres Ziel erreicht; sein inneres bleibt jedes Mal die als Befriedigung empfundene Körperveränderung."

Als Auslöser wird hier ein interner Reiz angesehen, der eine gewisse als unangenehm empfundene „Triebspannung" weckt. Diese Spannung weckt den Wunsch nach Verminderung derselben durch Befriedigung am Triebziel, meist dem Objekt.

Ein Trieb verlangt die ihm eigene Befriedigung und meist auch ein ihm eigenes Objekt, trotzdem kann eine gewisse Menge der ursprünglichen

34

Triebenergie auf ein anderes Ziel verschoben werden und dadurch befriedigt werden, diesen Vorgang nennt Freud *Sublimierung*. (Im Tierreich beobachtet man umorientierte Handlungen).

Das Triebziel ist die Erleichterung der Erregungsspannung.

Für diese Aufgabe stellt der Trieb einen gewissen Energiebetrag zur Verfügung. Der Mensch kann dem Triebreiz als einem inneren Reiz also nicht, wie meist einem äußeren Reiz, ausweichen. Die Qualität des Triebes wird durch sein Triebziel bestimmt. In die Haupttriebe dieser Modelle lassen sich alle anderen Triebe als Unter-Triebe integrieren. Freud stellte sich nun 1915 die Frage, welche Triebe man denn dann überhaupt aufstellen dürfe. Man könne nichts dagegen einwenden, wenn jemand den Begriff eines Spieltriebes, Destruktionstriebes, oder Geselligkeitstrieb anwendete. Man sollte aber die Frage nicht außer Acht lassen, ob diese einerseits so sehr spezialisierten Triebmotive nicht eine weitere Zerlegung in der Richtung nach den Triebquellen gestatten, so dass nur die weiter nicht zerlegbaren Urtriebe eine Bedeutung beanspruchen können.

(Bei der Fruchtfliege wurde beispielsweise die ,,Aktivierung" der spezifischen Nervenzellen ja durch den Anblick des Weibchens (äußerer Reiz) ausgelöst. Dadurch wurde sozusagen ein bestimmter Schaltkreis im Gehirn aktiviert, wodurch letztlich die männliche Fliege vom Weibchen beachtet wird.

Nur durch das Ausführen des Balzrituals konnte sozusagen die ,,Triebenergie" wieder abgebaut werden und in andere Bahnen fließen.

Ich werde im Folgenden darlegen, dass der Aufmerksamkeitstrieb einen Urtrieb darstellt, der vor allem auch das menschliche Verhalten lenkt.

Die Befriedigung des Aufmerksamkeitstriebs ist folglich ähnlich wichtig für das eigene Wohlbefinden wie beispielsweise die Befriedigung des Sexualtriebs.

Der Psychische Apparat laut Sigmund Freud

Auch wenn einiges an Freuds Theorien kritisierbar, ja veraltet erscheint, veranschaulichen seine Modelle einiges doch auch ganz gut.

Da ich einige der von ihm geprägten Begriffe im Folgenden verwenden werde, möchte ich hier noch auf die von ihm geprägten Begriffe „Es", „Ich" und „Über-ich" eingehen.

Als *Es* wird ein Teil des Unbewussten verstanden und stellt das eigentliche Reservoir der Energien und Triebimpulse dar.

Die triebhaften Regungen sind vom Lustprinzip bestimmt und können nicht bewusst kontrolliert werden.

„Es" will eine sofortige Triebbefriedigung ohne Rücksicht auf die realen Verhältnisse.

Man könnte das Es sozusagen auch mit der tierischen Natur in uns vergleichen.

Ein Tier ist darauf programmiert, bei entsprechender Reizsituation seinen ererbten Trieb auszuleben.

(Nur durch Dressur durch den Menschen ist dieses Verhalten zum Teil zu beherrschen).

Das *Ich* ist der Realität verbunden und passt die triebhaften Bedürfnisse des Es an die (einschränkenden) Bedingungen der Außenwelt an (= *Über-Ich)*;

Das Ich ist also ein Mittler zwischen Es und Über-ich.

Zur Veranschaulichung wird manchmal auch folgendes Bild benutzt:

Eine Reiterin oder ein Reiter(=das sich kontrollierende „Ich") sitzt auf einem ungezähmten Pferd („die triebhaften Impulse des „Es"); vom Reitlehrer stammen, auch wenn er nicht immer anwesend ist, die Verhaltensregeln.

Der einzelne gilt folglich umso angepasster an die Gesellschaft, je besser er die Forderungen des Über-Ich, die zweifellos von Ort zu Ort und Zeit zu Zeit sehr stark variieren können, befolgt.

Die Forderungen des Es müssen sich somit zumeist dem ,,Über-Ich" unterordnen, da man sonst mit Bestrafung durch die Umwelt zu rechnen hat.

Es gibt somit z.B. das ,,sexuelle Es", aber vor allem macht sich häufig das ,,*Aufmerksamkeitstrieb-Es*", beziehungsweise der Drang beachtet zu werden, bemerkbar.

Das ,,ich" letztlich will herausfinden, wie dieses ,,Aufmerksamkeitstriebs-Es" am ehesten Befriedigung findet, ohne dabei gängige Moralvorstellungen, Gesetze oder Regeln zu übertreten und somit Bestrafung b.z.w. Körperliches oder psychisches Leid zu riskieren.

Hört mir jemand z.B. nie richtig zu und will mich nicht richtig verstehen, wird das ,,Aufmerksamkeitstriebs-Es" nicht befriedigt und wird sich früher oder später ein anderes Ventil suchen, da es ansonsten unbefriedigt bleibt.

Darunter leidet dann aber die Psyche des Menschen.

Der Unterschied zwischen Mensch und Tier könnte folglich auch wie folgt erklärt werden: Während das Tier stets bestrebt ist, die Triebregungen des Es zu befriedigen und dies nur durch Zähmung durch den Menschen oder durch Strafe unterlässt, sozusagen ein kontrollierendes Ich fehlt, ist beim Menschen eben dieses Ich dazwischen geschaltet. Dieses ,,Ich" kann die Triebregungen des ,,Es" kontrollieren.

Ist jeglicher Drang auf die Libido zurückzuführen?

Im Werk Sigmund Freuds nimmt der Begriff der *Libido* eine zentrale Stellung ein, auch wenn er ihn nicht einheitlich verwendet wird. In seinem frühen Werk stellt Freud die Libido den *Selbsterhaltungstrieben* gegenüber und versteht Libido als *Sexualenergie* im engen Sinne, als Phänomen des „Drängens" bzw. *Begehrens*, des *Wunsches* und der *Lust*. In seinem Spätwerk sieht er auch die *allgemeineren* Selbsterhaltungstriebe als grundlegend libidinös geprägt und stellt die Libido nun den *Todestrieben* gegenüber. In späten Schriften wie in *Jenseits des Lustprinzips* (1920), verwendet er statt Libido auch synonym den Begriff *Eros*, mit dem er die Energie bezeichnet, die den *Lebenstrieben* zugrunde liegt. In *Massenpsychologie und Ich-Analyse* (1921) definiert er, die Libido sei „die Energie solcher Triebe, welche mit all dem zu tun haben, was man als *Liebe* zusammenfassen kann."

Die Libido äußert sich für Freud jedoch nicht nur auf der sexuellen Ebene, sondern beispielsweise auch inform von kulturelle*r* Tätigkeit, die Freud als *Sublimierung* von libidinöser Energie (*Alfred Adler* hingegen sieht den Drang des Menschen, die kulturelle Entwicklung voranzutreiben nicht als Sublimierung, sondern als typisch menschliche Eigenschaft, die somit auf das psychische Wohlergehen des einzelnen schließen lässt) versteht. Auch das Nichtsexuelle ist also für Freud letztlich von sexuellen Triebkräften geprägt, was ihm – insbesondere von kirchlicher Seite – den Vorwurf des „*Pansexualismus*" beigebracht hat.

Somit kann man bei Freud ohne Zweifel eine besondere Bedeutung des „Sexuellen" erkennen, wenngleich der Begriff der Sexualität im Werke Sigmund Freuds unscharf bleibt.

Störungen der Libidoentwicklung führen nach Freud zu *psychischen Störungen*.

Carl Gustav Jung verstand unter der Libido hingegen allgemein jede psychische Energie eines Menschen. Anders als Freud sieht Jung diese Kraft ähnlich wie das fernöstliche Konzept des *Chi* oder *Prana* an, also als allgemeines *Streben-nach-Etwas*.

Somit geht auch dieser davon aus, dass uns Menschen zwar etwas lenkt b.z.w. treibt.

Die Libido zielt aber nicht automatisch immer auf Sexualität ab. bzw. ist nicht immer sexuell geprägt.

Psychoanalytische Kritik an Freuds Triebtheorie

Dass Freud nun alles auf sexuelle Triebkräfte schob, dürfte von Verhaltensbiologen schon einmal eher belächelt werden.

Schließlich dreht sich nicht einmal bei Tieren immer alles nur um sexuelle Aktivitäten.

Schon der Begründer der Ich-Psychologie, der Amerikaner *Heinz Hartmann*, versuchte Ende der 1930er Jahre, von Freuds Konzeption der Lebens- und Todestriebe Abstand zu nehmen. Er schlug vor, den Begriff Trieb durch die Einführung von libidinösen und aggressiven Motivationen zu ersetzen.

Die freudsche Triebtheorie wurde später besonders von den sogenannten Neo-Psychoanalytiken revidiert und kritisiert. Das Menschenbild Freuds mit dessen Annahme des *Todes- und Destruktionstriebes* sei zu kulturpessimistisch.

Weitere Psychoanalytiker wie *Otto F. Kernberg* sehen die Triebe nicht als angeboren an, sondern bevorzugen motivationalen Systems, die grundlegende Bedürfnisse als Motivation des psychischen Systems verstehen, als Modelle.

39

Autoren wie *Martin Dornes* sehen die Triebtheorie an sich, und besonders auch die Verwendung des Begriffes „Trieb" im freudschen Sinne, als widerlegt an. *Alle Autoren sehen den Affekt als zentralen motivierenden Aspekt der Psyche an.*

Affekt: beschreibt er das Verhalten besser als „Trieb"

Da Psychologen und Psychoanalytiker also teilweise Triebtheorien skeptisch gegenüberstehen und Verhalten teilweise lieber durch sogenannte *Affekte* erklären, möchte ich im Folgendem noch darauf eingehen, was es damit auf sich hat.

Als Affekt (lat. afficere = in eine Stimmung versetzen) gilt eine plötzlich auftretende Gefühlsregung – wie Freude, Angst, Wut, Begeisterung, Scham, Eifersucht – mit körperlichen Begleiterscheinungen (Atmung, Herztätigkeit, Gesichtsfarbe), die sich, da die Kontrolle durch höhere Denkvorgänge beeinträchtigt ist, in Affekthandlungen entladen kann. (z.B. Odenbach 1974).

Affekt ist somit eine besondere Qualität von *Gemütsbewegung*, deren definierende Merkmale eine relative Quantität (in Relation zur Grundstimmung) der Erregung sind.

Affektiv (synonym: *emotional*) wird somit ein Verhalten genannt, das überwiegend von der *Gemütserregung* und weniger von kognitiven Prozessen bestimmt wird.

Beleidige ich jemand unvorbereitet, wird auch so gut wie jeder mit einem gewissen Affekt darauf reagieren. D.h. er fühlt eine emotionale Regung.

Dies allein scheint auch wieder ein Beleg dafür zu sein, dass bei einem Menschen gewisse Gefühlsregungen auf spezifische Reize hin nicht

40

kontrollierbar sind. Wie bereits dargelegt können auch Gedächtnisinhalte als Reize wirken.

D.h. wenn ich beispielsweise eine schlechte Erfahrung mit einem Hund gemacht habe, wird es mir schwerfallen, vollkommen gelassen auf den Anblick eines solchen reagiere.

In dem Moment, in welchem ich „im Affekt" reagiert habe, hatte ich keine andere Wahl als so zu reagieren.

Durch die Gemütsbewegung zeige ich, dass mir die Reizsituation, die bei mir das Verhalten ausgelöst hat, nicht egal war.

In der Medizinischen Psychologie wird ein Affekt als ein komplexes angeborenes Reaktionsmuster auf Reize aufgefasst. Der affektauslösende Reiz kann also eine funktionelle äußere Wahrnehmung oder ein *Kognitionsprozess* (d.h. also dass letztlich auch Assoziationsketten aufgrund Gedächtnisinhalten eine Rolle spielen) sein. Paul Ekman fand in umfangreichen empirischen Studien Beweise für die von Darwin behauptete erbliche Bedingtheit zahlreicher emotionaler Ausdrucksformen, darunter die von ihm unterschiedenen *7 Basisemotionen*: Fröhlichkeit, Wut, Ekel, Furcht, Verachtung, Traurigkeit und Überraschung, die kulturübergreifend bei allen Menschen in gleicher Weise erkannt und ausgedrückt werden. Diese, von ihm als elementar beschriebenen Gesichtsausdrücke sind nicht kulturell erlernt, sondern genetisch bedingt.

Psychoanalytische Forscher sehen den Affekt hauptsächlich als „Kommunikationsmittel".

Ohne Zweifel ist es als Form der Kommunikation anzusehen, wenn ich aufgrund eines anderen Menschen einen Affekt zeige.

Zusammenhang zwischen Affekt und Trieb

41

Ein Verhalten im Affekt zeige ich unmittelbar nach einer Reizsituation und ist daher als solches nicht *kontrollierbar.*

Ähnlich wie bei der Reaktion auf einen Schlüsselreiz kann ich nicht anders als zu reagieren.

Dieses Reizreaktionsschema ist somit letztlich als vererbt anzusehen, wenngleich Menschen auch aufgrund unterschiedlicher Erfahrung, und damit unterschiedlicher Assoziationsketten auf unterschiedliche Reizsituationen einen Affekt zeigen.

Die Triebenergie als solches kann ebenfalls als vererbt angesehen werden.

Am Affekt kann man erkennen, dass der Mensch nicht sämtliche Reaktionen komplett kontrollieren kann und ähnlich wie bei einem Reflex im weitesten Sinne reagiert.

Da der Affekt als solches nicht kontrollierbar ist, ist dies ein Beleg dafür, dass der Mensch zumindest zeitweise nicht dazu in der Lage ist, sich selbst zu kontrollieren, sondern teilweise eher wie eine reizgesteuerte Marionette reagiert.

Während ich also das Ausleben des „Sexualtriebs", „Essenstriebs", „Aufmerksamkeitstriebs" auch für eine gewissen Zeit hinauszögern kann, (was natürlich einfacher ist, wenn ich mich den entsprechenden äußeren Reizen entziehe), kann ich das Zeigen des Affekts nicht unterdrücken.

Auf die Dauer kann man meiner Theorie zufolge allerdings auch den Aufmerksamkeitstrieb nicht unterdrücken und er wird sich ein Ventil suchen.

„Trieb" als auch auch Affekt sind somit die abstrakten Konstrukte, welche hirnphysiologische Veränderungen bewirken (sowohl inform von elektrophysiologischen Potentialen b.z.w als Veränderung der Neurotransmitterkonzentration).

Die Psyche des Menschen: Der Psyche des Tieres sehr ähnlich?

Wenn man schon mal einen trauernden Hund, dessen Herrchen beispielsweise gestorben ist, gesehen hat, kann man zur Schlussfolgerung kommen, dass auch Tiere „psychisch" leiden können.

Wohl auch deshalb kam CG. Jung zu folgender Aussage:

„Wie der menschliche Körper ein ganzes Museum von Organen darstellt, von denen jedes eine lange Entwicklungsgeschichte hinter sich hat, so können wir auch erwarten, dass unser Geist in ähnlicher Weise organisiert ist.

Ich meine die biologische, prähistorische, unbewusste Entwicklung des Geistes im archaischen Menschen, dessen Psyche der des Tieres noch sehr ähnlich war.

Diese unermesslich alte Psyche bildet die Grundlage unseres Geistes sowie die Struktur unseres Körpers auf dem allgemeinen anatomischen Muster des Säugetieres beruht."

Doch selbst wenn man doch deutliche Ähnlichkeiten zwischen beispielsweise Affen und Menschen erkennen kann, gibt es natürlich einen gravierenden Unterschied zwischen beiden Gattungen:

Der Mensch kann ohne Zweifel über seine Triebe, Bedürfnisse u.s.w. reflektieren. Es ist hingegen – auch nach dem jetzigen Stand der Wissenschaft – nicht davon auszugehen, dass dies ein Tier kann oder tut.

Der Mensch besitzt also Triebenergien, aber er kann lernen, sie „selbst" zu kontrollieren.

Wer beispielsweise regelmäßig meditiert, wird merken, dass man lernen kann, aufkommende Gedanken einfach vorbeiziehen zu lassen und ihnen keine weitere Bedeutung beizumessen.

Der Gedächtnisinhalt verliert somit oft auch seinen Schrecken, da er keine Emotionen b.z.w. Gefühle mehr hervorruft.

Trieb hat Energiecharakter

Man kann wie gesagt Erscheinungsformen der Triebe genauso wie der Elektrizität beobachten, doch die tatsächliche Natur desselben ist von uns Menschen wie so vieles nicht begreifbar.

Trieb hat auf eine gewisse Art und Weise „Energiecharakter":

Dieser kann folglich wie Energie umgewandelt, transportiert, gespeichert und „verbraucht" werden. Ohne Energie geht folglich nichts.

Für die Physik ist „Energie" einer ihrer zentralen Begriffe. Physikalisch betrachtet ist Energie die Fähigkeit, Arbeit zu verrichten.

Ohne Energie könnte auch der Mensch nichts leisten.

Man kann Energie oder „Trieb" weder erzeugen noch verbrauchen, nur eine Energieform b.z.w. „Triebform" in eine andere überführen. In der Summe bleibt die Energiemenge gleich.

Folglich ist uns eine gewisse Menge an „Triebenergie" sozusagen vererbt. Diese ist letztlich Motor für unser Tun.

Mein Verständnis von Trieb

Um nun alle bisherigen Erklärungsmodelle auf einen Punkt zu bringen, hier meine Zusammenfassung bezüglich des Triebbegriffs, wie ich ihn in diesem Buch verstehe.

- Der Trieb ist uns größtenteils nicht bewusst, durchaus ist aber „Triebspannung" wahrnehmbar.

- Wir (die Subjekte) sind sozusagen vom Trieb gelenkt und somit seine Objekte.

- Wir können den Drang zwar bis zu einem gewissen Grad unterdrücken, doch bleibt dann etwas in uns unbefriedigt und trachtet weiterhin danach, befriedigt zu werden.

- Ein Trieb ist vererbt, also *angeboren* und somit bei allen Menschen und auch im Tierreich (insbesondere bei Menschenaffen) beobachtbar.

- Ein Urtrieb (der Aufmerksamkeitstrieb zählt dazu) kann nicht auf Dauer durch einen anderen Trieb verdrängt oder unterdrückt werden und wird daher immer wieder bei der Verhaltenslenkung zum Vorschein kommen.

Ähnlich wie Elektrizität macht sich der Trieb in verschiedenen Erscheinungsformen bemerkbar.

Aufmerksamkeitstrieb und Reaktionstrieb: Dasselbe?

Schenkt mir jemand Aufmerksamkeit, schenkt mir dieser eine Reaktion, also eine Aktion, die auf mich zurückgeht.

Ein Baby, das getragen oder herumgeschoben wird, bekommt sowohl Aufmerksamkeit als auch eine Reaktion auf sich selbst.

Aufmerksamkeitstrieb und Reaktionstrieb sind somit nicht komplett voneinander zu unterscheiden, wenngleich das primäre Urbedürfnis, das vom einzelnen befriedigt werden will, aus meiner Sicht der Aufmerksamkeitstrieb ist.

3 Die Dominanz des Aufmerksamkeitstriebs

Aufmerksamkeitstrieb will vor Sexualtrieb befriedigt werden

Was ist Sexualität?

Die Bedeutung der Sexualität im Werk Sigmund Freuds zu bestimmen, stößt (wie auch die vorhergehenden Kapitel zeigen) auf eine Reihe von Schwierigkeiten.

Der Begriff „Sexualität" wird im vorwissenschaftlichen wie auch im wissenschaftlichen Sprachgebrauch noch immer in derart vielschichtigem Sinne verwendet, dass es unmöglich erscheint, ihn exakt einzugrenzen und inhaltlich zu bestimmen. Deshalb meinte Robert Stoller wohl auch 1968, dieser Begriff beziehe sich auf derart viele und unterschiedliche Erscheinungen, dass er losgelöst von einer exakt bestimmten Fragestellung eigentlich überhaupt keinen Inhalt mehr kommuniziere. Schließlich ist es schwer, die Frage zu beantworten, was unter Sexualität zu verstehen sei, weil bis heute keine übergreifende wissenschaftliche Theorie vorliegt, innerhalb derer das Problem der Sexualität verbindlich dargestellt ist.

Freud schlug später selbst vor, den Begriff der Sexualität, soweit er innerhalb der psychoanalytischen Theorie verwendet wird, durch den Begriff „Psychosexualität" zu ersetzen. Dadurch solle vermieden werden, zu vordergründig den körperlichen Aspekt der Sexualität zu behandeln, da - insbesondere auch im Zusammenhang mit der Behandlung psychisch Kranker - der psychische Aspekt der Sexualität von Bedeutung sei.

Nichtsdestotrotz erklärte er psychische Erkrankungen wie Neurosen mit der Unterdrückung und Hemmung von Triebimpulsen, allerdings sei dies nicht einfach dadurch aus der Welt geschafft, wenn beispielsweise die Erektions- oder Orgasmusfähigkeit vorhanden, bzw. wiederhergestellt seien.

Es ist also keineswegs so, dass Freud die reine körperliche Ausführung des sexuellen Aktes als „Triebfeder" allen Handelns sieht, wohl aber der „Sexualität", welche er selbst immer wieder anderes definierte, eine tiefgreifende Bedeutung als „Handlungsmotiv" beimisst.

Somit ist der Begriff „Sexualität" keineswegs eindeutig definiert, aber ist das „körperliche Ausleben" der Sexualität, also beispielsweise der „normale" Koitus zwischen Mann und Frau tatsächlich so entscheidend für körperliche und psychische Gesundheit?

Ich habe beispielsweise schon von Männer gehört, es sei alles andere als gesund, den Sexualtrieb zu lange zu unterdrücken, da dies psychische und körperliche Beschwerden hervorrufen könne, aber haben diese Aussagen tatsächlich irgendein Fundament?

Befriedigung des Aufmerksamkeitstriebes für psychische Gesundheit wichtiger als befriedigende Sexualität

Ob die Männer das nun tatsächlich so meinten oder nicht, weiß ich nicht; jedenfalls gibt es mit Sicherheit viele Beispiele von Menschen, die trotz mehr oder weniger „asexuellen Lebens" durchaus bei guter körperlicher und geistiger Gesundheit blieben.

Wenn man davon ausgeht (zu beweisen natürlich nicht), dass Päpste wie Benedikt, der 16, oder Johannes Paul II, zumindest in den letzten Jahrzehnten ihres Lebens auf sexuelle Kontakte mit anderen Personen verzichteten und trotzdem in ihren Positionen gut „funktionierten", kann man wohl eines behaupten:

Der Verzicht auf Sexualverkehr muss nicht der körperlichen oder geistigen Gesundheit schaden.

Sowohl Johannes Paul II. als auch Papst Benedikt, brachten selbst in fortgeschrittenem Alter Bücher von hoher geistiger Klarheit hervor. Das „Nichtausleben" ihrer Sexualität mit einer Frau schadete also schon einmal nicht ihrer „Intelligenz".

Papst Benedikt schien/scheint dabei auch bei für sein Alter recht guter körperlicher und psychischer Verfassung zu sein.

Laut meiner Theorie ist dies u.a. damit zu erklären, dass ein anderer innewohnender Trieb befriedigt wurde: Eben ihr Aufmerksamkeitstrieb bei gleichzeitig maximaler Persönlichkeitsentfaltung.

Ohne Zweifel bekamen und bekommen die Päpste und auch andere geistige Oberhäupter von einer breiten Öffentlichkeit (und nicht nur von Katholiken) ein beachtliches Maß an Aufmerksamkeit und werden von vielen Leuten auch mit besonderer Wertschätzung bedacht.

Aufgrund des daraus resultierenden „Lustgewinns" war es ihnen möglich, die Sexualität eben nicht so auszuleben wie es bei einem großen Teil der Bevölkerung für „normal" befunden wird.

Im übrigen habe ich auch dieselbe Meinung in Bezug auf Frauen:

Eine Frau kann sicherlich auch jahrelang auf Sex (auch auf Masturbation) verzichten, ohne deshalb körperlich oder psychisch zu erkranken.

Nonnen in einem Kloster sind durchschnittlich sicherlich nicht unglücklicher als der Rest der Bevölkerung.

Bestimmt ist beispielsweise auch eine Angela Merkel, die in den Jahren ihrer Kanzlerschaft wohl eher selten Sex hatte (ich unterstelle das jetzt mal) bei besserer psychischer Gesundheit als so manche Prostituierte (wenngleich es auch in diesem Business sicherlich glückliche Frauen gibt).

Würde allerdings der rein körperliche Akt der Sexualität eine besonders wichtige Voraussetzung für das psychische Wohlergehen sein, müssten Prostituierte folglich durchschnittlich besonders psychisch und körperlich gesund sein.

Dafür gibt es allerdings keinen Anhaltspunkt.

Angela Merkel hingegen bekommt nicht nur von der allgemeinen Öffentlichkeit Anerkennung (was immer auch positive Aufmerksamkeit bedeutet), sondern auch von „hochrangigen", angesehenen Persönlichkeiten.

Dies scheint sie so sehr zu befriedigen, dass sie im Allgemeinen recht zufrieden wirkt.

Zärtlichkeitsbedürfnis als Folge des Aufmerksamkeitstriebs

Mit dem Zärtlichkeitsbedürfnis des Kindes beschäftigte sich u.a. Alfred Adler 1908. Er verstand darunter den „Abglanz von mehrfachen Regungen des Gemeinschaftsgefühls, von offenen und unbewussten Wünschen, Äußerungen von Instinkten, die sich stellenweise zu Bewußtseinsintensitäten verdichteten". Ein starkes Zärtlichkeitsbedürfnis des Kindes ließe sowohl ein starkes Gemeinschaftsgefühl als auch ein starkes

Machtstreben vermuten. In der Regel sei eine Befriedigung des Begehrens nach Zärtlichkeit nicht ganz umsonst zu erlangen. So werde das Zärtlichkeitsbedürfnis zum Hebel der Erziehung. Eine Umarmung, ein Kuss, eine freundliche Miene, ein liebevoll tönendes Wort seien nur zu erzielen, wenn sich das Kind dem Erzieher unterwerfe, also auf dem Umweg über die Kultur. In gleicher Weise wie von den Eltern ersehnte das Kind später Befriedigung vom Lehrer, später von der Gesellschaft. Das Zärtlichkeitsbedürfnis sei somit ein wesentlicher Bestandteil der sozialen Gefühle geworden. Die Stärke der Zärtlichkeitsregungen, der psychische Apparat, den das Kind in Szene setzen kann, um zur Befriedigung zu gelangen, und die Art, wie es die Unbefriedigung erträgt, machten einen wesentlichen Teil des kindlichen Charakters aus.

Nun kann man ohne Zweifel davon ausgehen, dass es vielen Kindern nicht unbedingt schlecht dabei geht, wenn sie umarmt oder geküsst werden, doch wenn das Zärtlichkeitsbedürfnis ein so fundamentales Urbedürfnis wäre, ist nicht einzusehen, warum man im allgemeinen weder Arbeitskollegen, Bekannte oder Freunde als Erwachsener besonders häufig umarmt. (Vor allem nicht in Deutschland).

Schließlich birgt solche Art von Körperkontakt im Gegensatz zur Sexualität auch kaum körperliche Risiken.

Den meisten Menschen reicht es vollkommen, wenn sie zumindest höflich und respektvoll behandelt werden. So lange unser Dasein auf irgendeine Art und Weise (positive) Wertschätzung erhält, fühlen wir uns auch einigermaßen wohl dabei.

Kinder hingegen verfügen im Normalfall noch über keine besonderen Fertigkeiten oder Fähigkeiten, durch welche sie sich profilieren könnten. Sie sind streng genommen auch ,,unnütz" (vor allem auch aus betriebswirtschaftlicher Sicht), wenngleich sie beispielsweise den Brutpflegetrieb der Mutter befriedigen.

(Das Kindchenschema oder der Beschützerinstinkt tragen dazu bei, dass man ihnen Aufmerksamkeit schenkt, sie umhätscheln, ja mit ihnen zärtlich umgehen will).

Der eigentliche Urtrieb, der hinter dem Zärtlichkeitsbedürfnis steckt, ist allerdings meiner Meinung nach der Aufmerksamkeitstrieb:

Wenn ich mit jemand zärtlich umgehe, schenke ich diesem eben auch positive Aufmerksamkeit.

Wenn ich beispielsweise meinem Partner eine liebe SMS oder E-mail schreibe, löst das oft fast das gleiche Glücksgefühl aus, wie wenn ich von diesem umarmt werde.

Warum es nicht primär um „Macht" geht

Das Leben sei „Wille zur Macht" meinte Nietzsche. Alles große Menschentum, alle große Kultur habe sich aus dem Willen zur Macht und dem guten Wissen zu ihm entfaltet. Er versteht darunter einmal den Willen, Macht zu gewinnen und immer mehr Macht zu gewinnen.

Alles Geschehen aus Absicht sei reduziert auf die Absicht der Mehrung zur Macht.

Alles Lebende strebe nach Macht, nach Macht in der Macht.

Nietzsche verstand unter Macht das Vermögen eben das zu realisieren, was man will.

Geht es dann aber eigentlich um die Macht als solches oder nicht doch um eine spezielle Sache, so dass Macht wiederum nur Mittel zum Zweck sein kann, also um andere Bedürfnisse damit zu befriedigen?

Nun kann man beispielsweise bei Diktatoren wie Adolf Hitler auch davon ausgehen, dass es ihnen nicht nur um die Sache, also beispielsweise das deutsche Volk, sondern auch um die eigene Person und Macht ging.

Adler hätte dies mit einer Überkompensation eines übertriebenen Minderwertigkeitskomplexes erklärt.

Nietzsche hingegen betrachtete es als natürlich, in eine „Machtposition" zu streben und die Dinge umzusetzen, die man umsetzen wollte.

Man erkennt folglich, wie unterschiedlich die Meinungen der großen Denker teilweise waren und sind.

Nun kann man weder falsifizieren, dass es einem Hitler in erster Linie um Macht ging noch, dass ihm vorwiegend die Interessen des deutschen Volkes am Herzen lagen.

Geht man aber davon aus, dass der Mensch von seinem inneren Drängen gelenkt wird, darf man glauben, dass für Hitler die Interessen des deutschen Volkes nur Mittel zum Zweck waren, um selbst seine eigenen Triebe und Bedürfnisse befriedigen zu können.

Da ich ja nun davon ausgehe, dass der Mensch vor allem von seinem Aufmerksamkeitstrieb gelenkt wird (zum großen Teil eben auch unbewusst), ist mein Erklärungsmodell wie folgt.

Macht impliziert auch immer, dass andere Menschen sich dem eigenen Willen unterwerfen müssen, in erster Linie also die Interessen des „Machtmenschen" befriedigen müssen.

Sie mussten oder müssen dem Menschen, der Macht hat, also Aufmerksamkeit schenken. Und sei es auch nur indirekt.

52

Man könnte auch im Umkehrschluss behaupten.

Ein Mensch, dem ich viel Aufmerksamkeit schenke (weil ich Sex mit ihm will, weil ich ihn hasse, liebe oder ihn begreifen will), hat auf eine gewisse Weise auch Macht über mich, da ich meine Energien ja dann auch weniger in andere Bereiche stecken kann.

Meine Energie fließt nämlich dorthin, wohin ich meine Aufmerksamkeit lenke.

Nun bin ich zwar selbst der Überzeugung, dass manche Menschen eine Machtposition deshalb als befriedigend und erstrebenswert erachten, da sie dann mehr Gestaltungsspielraum haben und ihre vermeintlichen Interessen durchsetzen können.

Nur wozu diese anderen Interessen?

Adolf Hitler hat trotz großer Macht keine Kinder gezeugt. Mit Sicherheit hatte er neben Eva Braun noch andere Verehrerinnen und es wäre ihm ein leichtes gewesen, sich mit verschiedensten Damen sexuell zu vergnügen und Kinder zu zeugen (ob er dazu in der Lage war, ist allerdings nicht bekannt).

Macht half ihm folglich überhaupt nicht dabei, seine Gene gut an die nächste Generation weitergeben zu können.

Eher war seine Machtposition mit viel Stress verbunden.

Ähnlich verhält es sich bei Gerhard Schröder, der sich ebenfalls nicht fortgepflanzt hat, aber doch sehr in seiner Rolle als Bundeskanzler aufging.

Fortpflanzungstrieb und Sexualtrieb sind zwar nicht dasselbe, doch gibt es keine Indizien dafür, dass Gerhard Schröder besonders viele Liebschaften hatte.

Schröder wurde oft als Selbstdarsteller beschrieben, ähnlich wie Hitler.

Es ging ihnen also um die eigene Person und wie sie auf andere wirkte.

Ihre hochrangigen Positionen halfen ihnen bei der Befriedigung ihrer Geltungssucht, welche Folge des Aufmerksamkeitstriebs ist.

Jemand, der in der Gesellschaft Prestige genießt, bekommt auch gleichzeitig positiv besetzte Aufmerksamkeit. (Oftmals haben sie aber fast genau so viele Neider, Konkurrenten und Gegner wie Bewunderer und Fans, aber das wird dann anscheinend auch gerne in Kauf genommen).

Natürlich brauchten sich Hitler und Schröder, genau wie andere hochrangige Persönlichkeiten auch keine Sorgen mehr darüber machen, ob ihr Nahrungs oder Selbsterhaltungstrieb befriedigt werden, aber diese Bedürfnisse werden ja sogar schon beim Harz4-Empfänger ausreichend befriedigt. Und das bei weniger Stress.

Dominanzstreben bei Mensch und Tier: Durchaus natürlich?

Ob nun allerdings das Drängen nach Überlegenheit schon als pathologisch zu bezeichnen ist, würden Verhaltensbiologen wohl negieren. Schließlich sind Dominanz-Hierarchien bei vielen Tieren einschließlich der *Primaten* zu finden. Individuum A schränkt die Rechte und Freiheiten von Individuum B ein und gesteht sich selber diese Rechte und Freiheiten zu, was von B akzeptiert wird. Dominanz ist somit immer beziehungsspezifisch und ist zeit- und situationsabhängig. In der Psychologie spricht man von *Dominanzverhalten*, wenn ein Individuum das Verhalten von einem oder mehreren anderen Individuen beherrschen bzw. kontrollieren möchte. Den evolutionären Sinn einer Ausbildung von Rangordnungen im Verlauf der Stammesgeschichte einer Art sehen Verhaltensbiologen darin, dass Kraft und Zeit kostende Streitigkeiten zwischen den Mitgliedern einer Gruppe – beispielsweise um die Verteilung von Futter oder Wasser – auf ein Minimum beschränkt bleiben. Ranghohe Tiere sind häufig besonders kräftig und haben oft (es gibt allerdings auch etliche Ausnahmen) größere Fortpflanzungschancen als ihre rangniederen Artgenossen: Auch dies ist langfristig ein Vorteil für den Fortbestand der Gruppe. Zugleich erfüllen ranghohe Individuen oft als Leittiere bestimmte „Pflichten", beispielsweise bei der Beobachtung und der Abwehr von Gefahrenquellen, beim Führen einer Gruppe zu Futterstellen und Tränken und gelegentlich selbst beim Schlichten von Streitigkeiten zwischen rangniederen Tieren. Nun bleibt wieder die Frage offen, ob man bei Tieren von bewusstem Handeln sprechen kann. Wird die Rangordnung von den Tieren bewusst akzeptiert? Nach dem Motto: Nun ja: so haben wir alle weniger Stress. Oder tun sie das Ganze instinktiv? Wie können uns Verhaltensbeobachtungen am Tier überhaupt bei Erklärungen weiterhelfen?

Hackordnung bei Tieren

Hackordnung ist ein Begriff aus der Frühzeit der *Ethologie*, der anstelle der heute üblicheren Bezeichnung Rangordnung verwendet wurde. Er entstand infolge der Beobachtung von Hühnern durch den norwegischen Zoologen Thorleif Schjelderup-Ebbe, bei denen die ranghöheren Tiere beim Verteidigen zum Beispiel ihrer Futterplatzansprüche rangniedrigere Tiere mit Schnabelhieben „weghacken" und so ihre Stellung festigen.

Auf Hühnerhöfen wurde häufig beobachtet, dass ein einziges Huhn alle anderen Hühner hackt und kaum je selbst gehackt wird; und dass wiederum ein einziges Huhn von allen anderen gehackt wird und nie oder nur selten nach anderen Hühnern hackt. Diese Form der sozialen Interaktion wird dann als Ausdruck einer Rangordnung gedeutet, in der eines der Hühner das ranghöchste Huhn ist (genannt *Alpha-Huhn*) und eines das rangniedrigste (genannt *Omega-Huhn*). Alle anderen Hühner sind in dieser Rangordnung zwischen den beiden Extremen zu verorten. Rangniedrigere Hühner lassen sich ohne große Gegenwehr zum Beispiel von ranghöheren Tieren vom Futterplatz vertreiben; die ranghöheren Hühner erlangen so Vorteile, u.a. auch beim Aufsuchen von Ruheplätzen.

Den Tieren selbst geht es aber nicht primär um den „Rang" als solches:

Streng genommen kann man nur beobachten, dass es Tiere gibt, die aggressiver agieren, wenn es beispielsweise um die Verteidigung der Nahrungsquelle geht.

Durch ihr Erbgut sind sie darauf programmiert, so zu handeln.

Die „niederen" Tiere geben schneller auf und sparen damit Energie.

Wenn allerdings auch „rangniedere Tiere ihr Erbgut weitergeben konnten, sind sie ebenfalls als evolutionär angepasst anzusehen.

Es geht den Tieren also folglich nicht um den Rang oder die Dominanz als solches, sondern zufälligerweise konnten eben aggressive und weniger aggressive Tiere ihr Erbgut weitergeben, so dass auch die Nachkommen die besagten Eigenschaften erhielten.

Wir interpretieren folglich bei den Tieren etwas als Rangordnung, wonach Tiere weder bewusst noch instinktiv streben.

Wenn man also eigentlich nicht behaupten kann, es ginge den Tieren ums Dominieren, kann man auch schlecht behaupten, es ginge dem Menschen ums Dominieren, weil man das ja schon bei Tieren beobachten könne.

Es gibt lediglich aggressivere Tiere, die sich weniger als andere gefallen lassen.

Sollte der Mensch folglich um des Dominierens oder der Macht willen in „Machtpositionen" streben, wäre das in der Tat ein typisch menschliches Streben, das es beim Tier so wahrscheinlich nicht gibt.

Vielmehr wird von den scheinbar schwächeren Tieren relativ bereitwillig akzeptiert, dass zunächst das Alphatier seine Bedürfnisse befriedigen darf bevor andere an der Reihe sind.

Letztlich profitieren aber wie gesagt alle Mitglieder von einer solchen Rangordnung.

Der Mensch hat meiner Meinung nach keinen angeborenen Machttrieb, er hat einen angeborenen Aufmerksamkeitstrieb und nur wenn dieser zu stark unterdrückt wird, kommt es als Kompensation zum Streben nach Macht, so dass dann der Aufmerksamkeitstrieb auch besser befriedigt werden kann.

Der Geltungsdrang resultiert aus dem Aufmerksamkeitstrieb

Adler nahm als einen Grundtrieb des Menschen ebenfalls das Streben nach Macht, aber auch nach Geltung an. Werde der kindliche Geltungsdrang beeinträchtigt, könne dies zu einem Minderwertigkeitsgefühl führen. Die Gegenkraft zum Streben nach Macht ist nach Adler das Gemeinschaftsgefühl. *Die Entfaltung des Gemeinschaftsgefühls hält er für die wesentliche Aufgabe der menschlichen Entwicklung. „Die Erkenntnis und das Gefühl, wertvoll zu sein ... stammt aus der Beitragsleistung zum allgemeinen Wohl. ... Das Individuum fühlt sich im Leben zu Hause und erkennt dass seine Existenz in soweit wertvoll ist, wie es für andere nützlich ist.“(Adler, 1929).*

Geht es dem Säugling also in Wirklichkeit um Macht und Anerkennung, wenn es bei Nichtbeachtung schreit?

Niemand hat eine bewusste Erinnerung an sein Säuglingsalter und so muss das Schreien von einem tiefen Urtrieb gelenkt worden sein.

57

Und ich bin der Überzeugung, dass das nicht der „Machttrieb" oder Geltungsdrang ist.

Es gibt und gab Naturvölker, bei denen es selbstverständlich ist, das Baby von klein an herumzutragen und nicht einfach alleine herumliegenzulassen. Verhaltensforscher sind sich einig, dass dies der Entwicklung des Kindes guttut.

Sie würden sicherlich eher darüber lachen, wenn man sagte, das Baby wolle Macht über sie ausüben.

Das Zusammenleben zwischen den Generationen scheint hingegen in einer natürlichen Art und Weise zu erfolgen.

Ist der natürliche Trieb nach Aufmerksamkeit, Rückmeldung b. z. w nach Zusammengehörigkeitsgefühl gestillt, hat es der Säugling nicht mehr nötig, sich dieses durch Schreien zu verschaffen. Sofern natürlich ansonsten Nahrungstrieb, Schlaftrieb oder das Bedürfnis nach trockener Windel gestillt sind.

Natürlich will das Baby sekundär auch lernen und neue Reize aufnehmen, der primäre Urtrieb, der allerdings befriedigt werden will, ist meiner Meinung nach allerdings der Aufmerksamkeitstrieb. Denn das Baby kann ja nicht wissen, was es möglicherweise von anderen Menschen noch lernen wird.

Was bei idealistischen Zielen dahinter steckt

Jacob Burckhard befand Macht dann als böse, wenn es dem Menschen eben nicht mehr um den Zweck, sondern um die Macht als solches, also eo ipso (um dieser selbst Willen) ginge.

Solange sie an das Ziel gebunden ist, könne man sie nicht als böse bezeichnen.

58

Nun könnte man einwenden, dass Macht durchaus Mittel zum Zweck sein könne.

Zum Beispiel sogar für idealistische Ziele.

Bin ich beispielsweise eine leidenschaftliche Tierschützerin könnte ich durch viel Macht eben etlichen Tieren Leid ersparen.

Um dies in einem breiten Ausmaß zu erlangen, ist ohne Zweifel Popularität, Geld oder eben im Allgemeinen Macht von Nöten.

Natürlich kann man auch Mitleid mit Lebewesen empfinden und diese vor weiterem Leid schützen wollen.

Aufgrund dieses Mitleids und der Wertschätzung für die Tiere brauchen die Tierschützer eben auch irgendwie Macht, also das Vermögen etwas tun zu können.

Es geht Tierschützern somit sicherlich nicht um Macht als solches, dafür gibt es keinen Anhaltspunkt.

Das Engagement für Tiere oder vielleicht auch für Pflanzen kann ja ganz unterschiedliche Gründe haben.

Vielleicht resultiert es manchmal auch nur aus der Erkenntnis, dass sämtliches Schädigen von Lebewesen, Pflanzen inbegriffen, letztlich auch dem Menschen wieder schadet.

So könnte man also auch hier wieder von einem egoistischen Motiv ausgehen, doch selbst wenn man entgegen hält, dass man Tiere ja auch mögen kann, was zunächst ja recht altruistisch klingt, kann man hinterfragen, ob beispielsweise Haustiere nicht doch wieder ein Bedürfnis befriedigen sollen.

Warum man Tiere mag

Man kann Tiere natürlich mögen.

Warum sonst sollte man seine Katze oder seinen Hund streicheln wollen?

Bis zu einem gewissen Grad kann man seinen Brutpflegetrieb auch an Hund, Katze oder Hamster ausleben.

Die Tiere beachten dann ja auch den Besitzer, da sie ihn brauchen, aber auch deshalb, weil sie selbst gerne beachtet werden.

Die Aufmerksamkeit des Hundes ist einem also sicher.

Somit können eben auch Tiere den Aufmerksamkeitstrieb des Menschen bis zu einem gewissen Grad befriedigen, wenn auch nicht so gut wie ein anderer Mensch, da ein Tier einen Menschen niemals so begreifen kann wie ein anderer „homo sapiens".

Ich finde es im Übrigen schade, dass etliche Menschen zwar viel Zeit und Geld für Hund und Katze investieren, nicht aber bereit wären, das gleiche für einen fremden dement kranken oder überhaupt alten Menschen zu tun. Schließlich sehen sie in diesem oft nur noch einen Ballast.

Da fragt man sich dann schon eher mal, ob solche Art von Leben überhaupt noch lebenswert ist.

Dass ein alter oder kranker Mensch aber oft eben so dankbar wie ein Tier für nette, fürsorgliche Behandlung wäre, wird dabei gerne übersehen.

Warum es nicht primär um die Weitergabe der Gene geht

Wenn Biologen erklären wollen, warum die Welt ist wie sie ist, werden sie auch von Evolution, Selektion und Genen sprechen.

Nur die Individuen geben ihr Erbgut an die nächste Generation weiter, die zu einem Zeitpunkt zufälligerweise am besten an die Umwelt angepasst sind.

So kann es passieren, dass zu einem Zeitpunkt aufgrund von Umweltverschmutzung eine Schmetterlingsart, die aufgrund einer Mutation z.B. dunkler als die Artgenossen ist, plötzlich besser angepasst ist, da es auf Bäumen weniger auffällt und so seltener gefressen wird.

Die Mutation wird somit verstärkt an die nächste Generation weitergegeben und ist sozusagen durch die Umweltveränderung selektiert worden. So funktioniert eben Evolution und zeigt die Wechselwirkung von Umweltfaktoren und Genen gut auf. Für Richard Dawkins stehen deshalb sogar Genabschnitte einzelner Chromosomen mit den gleichen Genabschnitten anderer Chromosomen miteinander in Konkurrenz. Denn zumindest Lebewesen, die sich sexuell vermehren, können ja nicht als ganze Individuen in die nächste Generation weitergegeben werden, sondern nur eine mehr oder weniger willkürliche Auswahl ihrer Gene. Insofern besteht eine Konkurrenz der Gene um ihre Verteilung in der nächsten Generation, an den jeweils entsprechenden Stellen im Chromosomensatz.

Besonders *allele Gene* stehen in direkter Konkurrenz, also solche, die an der gleichen Stelle im *Genom* sitzen können und die gleiche Aufgabe erfüllen, sich aber darin voneinander unterscheiden können, *wie* sie diese Aufgabe erfüllen. Gene müssen deshalb immer „egoistisch" sein, das heißt in diesem Zusammenhang ihre Verbreitung auf Kosten von anderen Genen vergrößern (wobei der *„Egoismus"* der Gene sich freilich nur als anschauliches Bild versteht – Gene haben weder Gefühle noch Absichten). Ist ein Allel also heute noch vorhanden, folgt daraus, dass es sich egoistisch (hier im Sinne von darwinistisch evolutionär) gegen andere durchgesetzt hat. Andere Allele, selbst wenn sie eine Funktion für den Träger hatten, sind unterlegen und verschwunden – entweder aufgrund ihrer eigenen evolutionären Unterlegenheit oder jener der sie begleitenden Allele).

Dawkins führt die *gesamte Entwicklung des Lebens auf die Selektion von Genen* zurück. Während der Evolution hätten sich diese immer raffiniertere

„Überlebensmaschinen" in Form von pflanzlichen oder tierischen (auch menschlichen) Körpern erschaffen. Gene, die keine *Allele* sind und deshalb auch nicht in direkter Konkurrenz stehen, können durchaus kooperieren. Erst dadurch kommen die komplexen Wechselwirkungen in heutigen Lebewesen zustande.

Dawkins zufolge lässt sich auch eindeutig *altruistisches* (selbstloses) Verhalten von Individuen durch den Egoismus der Gene erklären. Hilfe unter Verwandten ist ein selbstloser Akt, das einzelne Individuum hat dadurch häufig oft keine offensichtlichen Vorteile. Für das Gen, das sozusagen für Verwandtenhilfe codiert, kann es jedoch unter bestimmten Bedingungen durchaus günstig sein, das andere Individuum zu retten. Denn unter den engsten Verwandten (Eltern, Kindern, Geschwistern) beträgt die Chance, dass der andere das gleiche Gen trägt, 50 Prozent.

Freilich gibt er dabei keine plausible Erklärung ab, warum Menschen teilweise lieber auf Kinder verzichten, um sich z.B. beruflich besser verwirklichen zu können. Auch scheinen sie durch diese Art zu leben, nicht unbedingt der genetischen Ausbreitung ihrer nächsten Verwandten zu dienen.

Sharon Stone oder Gerhard Schröder zogen es beispielsweise vor, Kinder zu adoptieren, die keinen hohen Verwandtschaftsgrad mit ihnen aufweisen.

Wollten sich also deren Gene nicht weiter ausbreiten? Haben Leute, die sich nicht fortpflanzen, somit „kranke" b.z.w. sich seltsam verhaltende Gene?

Man kann also nicht behaupten, dass es Menschen stets um die Weitergabe der eigenen Gene geht.

B.z.w dass allein die „egoistischen Gene" das Verhalten der Menschen steuern.

62

Denn sonst müssten ja alle Menschen, die sich nicht fortpflanzen und trotzdem zufrieden damit sind, eigentlich recht gestört sein.

Die Theorie „vom egoistischen Gen" erklärt das menschliche Verhalten also eher schlecht, selbst wenn sich Gene sozusagen „egoistisch" verhalten wollen.

Dieser Kritik musste Dawkins allerdings auch ins Auge sehen, wenngleich seine Ideen zunächst viel Aufmerksamkeit erregten.

Allerdings hatte er bald eine andere Theorie parat, die mit Genen nichts mehr zu tun hatte.

Warum Memtheorie anzweifelbar ist

In seinem Buch taucht auch die Idee des Mems auf: eine Art Gedankenbaustein, der weitestgehend unverändert weitergegeben wird, aber auch ähnlich wie Gene mutieren kann und durch die „Eingängigkeit", seine Speicherfähigkeit im Gehirn, unter Selektion steht. Mem ist abgeleitet aus dem Griechischen Wort Mnemosyne und bedeutet soviel wie „die Muse der Erinnerung". Dawkins führt Ideen, Melodien, Theorien oder Phrasen auf, im Grunde genommen kann jegliches Gedankengut als Mem fungieren.

In Analogie zu der Tatsache, dass Gene über Chromosomen weitergegeben werden und es so zu Kopplungen kommen kann, gibt es laut Dawkins auch Meme, die zusammen weitergegeben werden. Beispiele für diese „Memplexe" könnten beispielsweise religiöse Strömungen sein.

Durch Kommunikation können sich Meme vervielfältigen. Grundeinheiten der Selektion sind somit die Replikatoren der Information.

Dawkins griff laut eigener Aussage auf die 1975 geäußerten Thesen des amerikanischen Anthropologen F.T. Cloak über die Existenz von *„Corpuscles of Culture"*, von Kulturkörperchen auf neuronaler Ebene, als Grundlage der kulturellen Evolution zurück. Es besteht für ihn kein Unterschied darin, ob eine Information sich auf einem DNA-Abschnitt befindet, als Gedanke im Gehirn gespeichert, als Satz in einem Buch existiert oder als gesprochenes Wort von Mensch zu Mensch unterwegs ist. Informationen vervielfältigten sich, egal als Gen durch die Zellteilung und der damit einhergehende Replikation des DNA-Strangs genauso wie mittels Kommunikation beim Mem. Entscheidend bei der Übertragung des Mems durch Kommunikation sei, dass der wesentliche Kern der Botschaft erfasst und weitergegeben werde. Beschreibungsmodelle von Gedanken-Memen unterliegen damit ähnlichen Gesetzmäßigkeiten wie die der Evolution in der Biologie. Deshalb gebraucht Dawkins in diesem Zusammenhang den Begriff *„universellen Darwinismus" (Richard Dawkins in Susan Blackmore, 2000)*.

Meme als Replikator der kulturellen Evolution weisen eine begrenzte *Analogie* zu anderen Replikatoren auf. Neben den Genen werden von Dawkins auch *Viren*, *Computerviren* oder *Prionen* genannt. Somit werden Prozesse der kulturellen Replikation – wie in der *Evolutionstheorie* – ebenfalls mit *Variation* und *Selektion* erklärt.

Der Philosoph *Daniel Dennett* unterstützte das Memetikkonzept in seinem Werk *Darwin's Dangerous Idea: Evolution and the Meanings of Life. (*Daniel Dennet: , Simon & Schuster, 1995).

Durch die Mem-Hypothese sind Teilaspekte der Evolution der Vogeldialekte erklärbar. Außerdem wird versucht, mittels Memetik soziale Phänomene wie Sprachwandel oder die Ausbreitung verschiedener Religionen und Kulte zu erhellen. Außerdem können teilweise auch koevolutive Korrespondenzen

64

zwischen genetischer und „memetischer" Evolution (Hirnentwicklung) festgestellt werden.

Dawkins führt beispielsweise die Festlegung auf *einen* Gott als einen erfolgreichen kulturellen Replikator (gemessen z.B. an seiner Verbreitung) an, wohingegen z.B. der Glaube an die Wirkung von Regentänzen sich weltweit nicht durchsetzen konnte.

Nach S. Blackmore sei für einen Memplex auch charakteristisch, dass sich Meme als Teil der Gruppe besser replizierten als auf sich allein gestellt. (Susan Blackmore, 2000). Als Beispiel für einen *Memplex* nennt sie das Beispiel eines Kettenbriefs, der typischerweise folgende Ideen enthält:

- eine beliebige unwahre oder sinnlose Information
- vermeintliche Indizien für die Seriosität der Informationsquelle
- die Behauptung, dass die Information für den Empfänger wichtig sei
- die Behauptung, dass die Information für weitere Personen wichtig sei
- die Aufforderung, den Brief an diese Personen weiter zu senden.

Für sich alleine hätte jedes dieser Meme eher schlechte Chancen, sich innerhalb einer Gesellschaft zu verbreiten. Als Gruppe können sie jedoch besser eine größere Anzahl von Personen von der Wichtigkeit ihrer Verbreitung überzeugen.

Gemäß Christoph Henke kann die Memetik Gesetzmäßigkeiten offenbaren, nach denen außerjuristische Einflüsse in die Rechtsordnung eindringen und wie die Rechtsfindung außerjuristischen Wandel nachvollzieht. *Phänotypen* des Rechts seien „Urteile, Fachbücher, oder Lehrveranstaltungen". Die Rechtsordnung pendelte sich bei einem Gleichgewichtszustand ein, bei welchem sich die „am besten angepassten" Normen mit der „längsten *Halbwertszeit*" durchsetzten; Lediglich der Gesellschaftswandel würde die

Erreichung eines absoluten Gleichgewichtszustands verhindern. Die für die Anpassung relevante Umwelt sei das „Rechtsempfinden der Mehrheit der Bevölkerung". Ein Beispiel für eine Norm mit langer Halbwertszeit sei das Tötungsverbot von anderen Menschen.

Mit ihrer analogen Übertragung des Evolutionsmechanismus auf geistige und kulturelle Prozesse setzt die Memtheorie voraus, dass Meme ähnlich wie Gene als diskrete Einheiten anzusehen sind, die sich von anderen Memen eindeutig abgrenzen lassen; sonst ließe sich die Einheit der Selektion nicht bestimmen. Besonders von Kulturwissenschaftlern und Psychologen wird dies aber bestritten (M. Bloch, 2005, S. Atran, 2001). Das Modell kultureller Evolution setzt außerdem eine relativ hohe Kopiergenauigkeit voraus, die nur selten durch Fehler und Ungenauigkeiten zu Mutationen führt. Anders lässt sich durch Memtheorie die hohe Konstanz kultureller Repräsentationen nicht erklären (David Mihol, 2008). Die Aneignung kultureller Repräsentationen durch Individuen erfolgt allerdings eher selten ohne Veränderung, wie auch Dan Sperber 2006 beschrieb. Mitunter wegen dieser schwachen wissenschaftlichen Fundierung konnte sich die Memtheorie in den Sozialwissenschaften bisher nicht durchsetzen, obgleich sie von der Öffentlichkeit in größerem Ausmaß rezipiert wurde.

Welcher Erkenntnisgewinn sich durch das Memkonzepts für die geistes-, sozial- und kulturwissenschaftliche Forschung ergeben könnte, bleibt allerdings unklar. Der Psychologe Gustav Jahoda meinte gar, überzeugende Elemente der Memtheorie seien bereits seit dem 19. Jahrhundert bekannt, die neueren Elemente jedoch „spekulativ und höchst fragwürdig" (Jahoda, 2002).

Für die Existenz von Memen und ihre Replikationsmechanismen gibt es– anders als für Gene – bislang keine empirischen Belege - wie auch D. Sperber 2000 und Joseph Poulshock 2002 beschrieben.

Außerdem wurde kritisiert, dass die Memtheorie sozusagen sämtliche psychologische und sozialwissenschaftliche Forschung zur menschlichen Kommunikation außer Acht ließe.

Auch wenn einiges aus naturwissenschaftlicher Sicht an der Memtheorie (aus philosophischer Sicht gilt ja das als wahr, was nicht falsifizierbar ist) folglich kritisierbar ist, wird durch die Memtheorie trotzdem doch eines deutlich:

Die ,,Evolution"/ Entwicklung des Menschen beruht nicht einzig auf der Weitergabe von Genen und somit der Fortpflanzung, sondern im Gegensatz zu Tieren strebt der Mensch (aus welchen Gründen auch immer) nach kultureller Weiterentwicklung, nach Weitergabe seiner Ideen, ja nach Weitergabe seines geistigen Gedankenguts.

Doch warum?

Interessiert man sich für die Ideen oder Gedanken eines Volkes oder einer Person, erhält oftmals auch der Urheber der Gedanken dafür Aufmerksamkeit.

Die Lehrern Jesu Christi mögen durchaus weite Verbreitung gefunden haben, doch interessiert man sich ebenso-sehr für die Person Jesus Christus: wie er wohl ausgesehen haben mag, ob er Kinder hatte u.s.w.

Das gleiche gilt für einen Buddha, Mohammed oder andere Sektenführer.

Wären deren Lehren nicht so populär geworden, hätten auch besagte Glaubensväter kaum Aufmerksamkeit durch die Nachwelt erhalten.

Doch schon zu Lebzeiten bekamen sie aufgrund ihrer Anhängerschaft oder auch aufgrund ihrer Feinde ein bedeutendes Maß an Aufmerksamkeit.

Auch wenn Hitler natürlich in keinster Weise mehr als Idol oder Vorbild gelten kann, ist er nach wie vor einer der bedeutendsten und populärsten Persönlichkeiten der deutschen Geschichte.

Würde man eine Umfrage unter den 20 bis 80 jährigen starten, wer schon einmal etwas von Hitler gehört habe, würden dies sicherlich über 90 Prozent der Befragten bejahen.

Die Person Adolf Hitler ist folglich bekannter als sein Werk „Mein Kampf".

Hitler wäre ein idealer Vektor für Ideen gewesen, denn er als der Führer hatte eine breite Anhängerschaft, war außerdem mit Redegabe gesegnet und wurde mit viel Aufmerksamkeit bedacht.

Während allerdings auch seine „Rassenlehre" kaum mehr Anhängerschaft findet, zählt er trotzdem als bedeutende Persönlichkeit, was ja durchaus positiv besetzt ist.

Man setzt ihm fast noch weitere Andenken inform von Filmen oder Ausstellungen, nicht aber tatsächlich seinem Buch.

Hitlers Aufmerksamkeitstrieb wurde und wird also sogar noch nach seinem Tode extrem gut weiter befriedigt.

Wenn man annimmt, dass es einem Menschen stets um die Befriedigung eines Bedürfnisses bzw. Triebes geht (ob bewusst oder unbewusst sei nochmals dahingestellt) kann man davon ausgehen, dass die Befriedigung des Aufmerksamkeitstriebes vordergründig für das einzelne Individuum ist.

Aus dieser Sicht scheint die kulturelle Weiterentwicklung ein Nebenprodukt zu sein, auch stärkt es das Gemeinschaftsgefühl, wenn man ein ähnliches Weltbild hat.

Dass sich die Lehre von einem Gott zum Beispiel auch besser durchsetzte als etwa der Glaube an die Sinnhaftigkeit von Regentänzen, liegt wahrscheinlich schlichtweg daran, dass man einen Gott weder philosophisch falsifizieren noch naturwissenschaftlich beweisen kann.

Würde man hingegen die „Sinnigkeit" von Regentänzen belegen wollen, könnte man dies zum Beispiel mit statistischen Mitteln untersuchen und käme zur Erkenntnis, dass es keinerlei positive Korrelation (Zusammenhang) zwischen Regentanz und nachfolgendem Regen gibt.

Habe ich hingegen einen tiefen Glauben an Gott, können Gebete fast wie ein Placebo wirken, sozusagen Selbstheilungskräfte entfachen und somit fast einen Gott bestätigen.

Es haben folglich nur die Ideen dauerhaft bestand, die naturwissenschaftlich nicht widerlegbar sind.

Es kann nur auf dem Erkenntnisstand aufgebaut werden, der in sich schlüssig bleibt.

Nun könnte man folglich auch einwenden, dass es dem Menschen auch stets um Bewusstseinserweiterung durch neue Erkenntnisse ginge.

Dies mag zwar ebenfalls zu den menschlichen Bedürfnissen zählen, doch ist der Anteil von Menschen, die beispielsweise Forscher und somit „Entdecker von Neuem" werden wollen, eher gering.

Jeder Mensch hingegen möchte seinen Aufmerksamkeitstrieb befriedigen.

Der Mensch handelt aufgrund eines inneren Antriebs ohne aber immer den höheren Zweck oder das Ziel komplett zu kennen oder bestimmen zu können.

Gebe ich eine Idee weiter, bedeutet dies gleichzeitig, dass andere meinen Ideen und somit meinen Gedanken Aufmerksamkeit schenken.

Nicht der Mensch ist Vektor für Ideen, die Idee dient dem Vektor zur Befriedigung von Bedürfnissen.

Der Mensch möchte zwar aufgrund seines inneren Antriebs mit andren in Wechselwirkung treten. Dadurch kann man zu neuen Erkenntnissen gelangen.

Doch das Ergebnis ist dabei oft zufällig.

(Dazu später mehr im Kapitel: Das Urprinzip allen Seins: Miteinander in Wechselwirkung treten).

Ähnlich wie einem Tier geht es einem Menschen um Bedürfnisbefriedigung b.z.w. die Befriedigung seiner Triebe, so meine Theorie.

Allein der Unterschied ist ja wie bereits geschildert, dass er darüber reflektieren kann. Wenn der Mensch eigentlich keinen freien Willen hat, wie ja immer Wissenschaftler glauben, kann man den Menschen auch nicht anders begreifen.

Er ist gelenkt von ,,Antrieben", reagiert auf Reize und verarbeitet diese.

Die Memtheorie hingegen kann das Verhalten des Menschen eher schlecht erklären.

Es geht dem Menschen nicht um das Mem, sondern um die Befriedigung des Aufmerksamkeitstriebs. Die Weitergebe der Ideen ist ein Nebenprodukt. Würde man den Menschen hingegen in erster Linie als Vektor von Genen oder Memen sehen, würde man im Grunde das Auslebenwollen seiner Individualität und das natürliche Streben nach Persönlichkeitsentfaltung nicht als den eigentlichen menschlichen Antrieb ansehen.

Der Drang nach kulturellen Beiträgen als Folge des Aufmerksamkeitstriebs
Nach Adler basiert die Fortdauer des menschlichen Geschlechtes sowohl auf Kindern als auch auf dem Geist unserer Vorfahren.

Ähnlich der Memtheorie postulierte folglich auch Adler, dass es dem Menschen auch um die Weitergabe (sei es direkt oder indirekt) seiner Gedanken geht.

In Kindern und/oder kulturellen Beiträgen könne der einzelne sozusagen nach seinem Tod „weiterleben". Sein Beitrag geht dann ein in den Fortbestand der Kultur oder, wenn er Kinder hat, in das Weiterleben der Gattung. Er solle Werte schaffen „für die Ewigkeit", sich „für die Höherentwicklung der gesamten Menschheit" einsetzen. Dies ist nach Adler der „rechte Weg", wobei wir, was die konkrete Ausführung anbelangt, „oft im dunkeln tappen". Adler sieht sich nicht im Besitz der Wahrheit, man könne eben nur danach streben.

Für ihn ist somit das Streben nach Fortpflanzung (b.z.w nach der Weitergabe seiner Gene) keineswegs ein tiefgreifenderes Bedürfnis als das Streben nach kulturellen Beiträgen, was ja letztlich Resultat geistiger Aktivität ist.

Ähnlich wie Adler sehe auch ich das Streben nach kultureller Entwicklung nicht als Sublimierung des Sexualtriebs, sondern als typisches menschliches Bedürfnis an.

Darin unterscheiden wir uns ja eben auch vom Tier.

Durch kulturelle Beiträge kann sozusagen der Aufmerksamkeitstrieb des Menschen sogar noch nach seinem Tode weiter befriedigt werden.

Oder anders ausgedrückt: Der Geist eines Menschen kann noch nach seinem Tode sozusagen auf andere Menschen übergehen und diese beeinflussen.

Warum Frauen auf Kinder verzichten

71

Condoleeza Rice, Angela Merkel, Simone de Beauvoir, Alice Schwarzer, Elfriede Jellinek oder auch Maybrit Illner zogen die Kinderlosigkeit vor und konnten dabei ziemlich erfolgreich in ihren Berufen b.z.w. Tätigkeiten werden.

Wie ist es zu erklären, dass diese Persönlichkeiten ihren Fortpflanzungstrieb unterdrücken können und trotzdem nicht unzufriedener wirken als andere Geschlechtsgenossinnen.

Behaupten nicht gerade Biologen oft, dass jegliches Leben nach Fortpflanzung b.z.w. Selbstreplikation strebt.

Meiner Meinung nach kann sich eine Frau nach wie vor besser selber verwirklichen, wenn sie kinderlos bleibt.

Dies gilt für Männer im Durchschnitt weniger, da ihnen von der Gesellschaft noch immer eher die Rolle des Ernährers, der Karriere macht, zugebilligt wird.

Es ist bleibt für Frauen – besonders in Deutschland - schwierig, Karriere und Familie ,,unter einen Hut" zu bringen.

Sicherlich liegt das auch zum Teil an den mangelnden Betreuungsplätzen.

Ausnahmen wie Ursula von der Leyen (die natürlich auch über eine Menge Geld verfügt) mögen die Regel bestätigen.

Maximale ,,Selbstverwirklichung" bedeutet für Frauen im Durchschnitt weniger Kinder.

Und es ist auch einleuchtend, dass man seine Energien viel besser in Beruf oder geistige Tätigkeiten stecken kann, wenn nicht gleichzeitig ein Kind versorgt oder beaufsichtigt werden muss.

Selbst wenn eine Tagesmutter da ist, wird man mit den Problemen seiner Kinder zusätzlich belastet.

Wer das negiert, spricht einfach nicht die Wahrheit.

72

Zu einem hohen Teil unbewusst wählt die Frau den Lebensweg, der ihr mehr Aufmerksamkeit beschert.

Bekommt eine Frau im Beruf viel Anerkennung oder ist sie gerade dabei, die ,,Karriereleiter" aufzusteigen, kann dies für sie so erfüllend sein, dass der Kinderwunsch sich nicht so stark bemerkbar macht.

Dagegen kann die Mutterrolle den Aufmerksamkeitstrieb (natürlich auch den Fortpflanzungs - und Brutpflegetrieb) bis zu einem gewissen Grad befriedigen, wenn auch keine hochtrabenden, geistigen Gespräche möglich sind. Geht man also davon aus, dass es Menschen stets um Bedürfnisbefriedigung geht (Betriebswirten und Produktmanager gehen seit jeher davon aus), muss durch Verzicht auf Kinder ein anderes Bedürfnis besser befriedigt werden können.

Dies ist meiner Meinung nach oftmals der Aufmerksamkeitstrieb.

Wenn man jetzt übrigens entgegnet, dass berühmte Frauen in einflussreichen Positionen wie Angela Merkel ja dadurch auch Reichtum genießen würden, so könnte man sich fragen, warum sie nicht beispielsweise ihren jetzigen Mann Joachim Sauer, der ja bekanntlich ein angesehener Professor ist, nicht schon früher geheiratet, mit ihm ein Familie gegründet und ihn in seiner Karriere unterstützt hat.

Sie könnte dann jetzt auch in wohlhabenden Verhältnissen leben und hätte gleichzeitig ihren Fortpflanzungstrieb befriedigt.

Sie zog es aber vor, ihren eigenen Weg zu gehen und sich selber zu verwirklichen.

Sie ist nun eine der bekanntesten Frauen Deutschlands und eine der bekanntesten Deutschen auf der ganzen Welt.

Schönheit zur Erregung von Aufmerksamkeit oder im Dienste der Fortpflanzung?

Was im Alltag als „schön" bezeichnet wird, ist bis zu einem gewissen Grade von wechselnden „Schönheitsidealen" abhängig. Eine moderne These lautet, dass in den Industriegesellschaften heutzutage nur deswegen schlanke Menschen als schön gelten, da Nahrung im Überfluss vorhanden ist, während unter anderen Bedingungen „fülligere" Menschen, die Wohlgenährtheit ausstrahlten, als schön angesehen würden. Diese These erscheint schon deshalb unglaubwürdig, da eine schlanke Figur schon seit Tausenden von Jahren als Schönheitsideal gilt.

Auch jüngere Forschungsergebnisse deuten darauf hin, dass das Schönheitsempfinden auch durch genetische Veranlagung beeinflusst wird. Die evolutionsbiologische Erklärung ist, dass empfundene Schönheit mit evolutionär vorteilhaften Eigenschaften korreliert. So wurde in Experimenten gezeigt, dass in vielen Kulturen Frauen mit einem bestimmten Verhältnis von Taille zu Hüfte von den Testsubjekten als schön angesehen werden, und gleichzeitig höhere kognitive Fähigkeiten aufweisen. Symmetrie wird als schön empfunden und ist gleichzeitig ein Indiz für Gesundheit. Auch gibt es Hinweise, dass hinsichtlich der Schönheit von Gesichtern ein goldener Schnitt existiert. So sei ein vertikaler Abstand zwischen Augen und Mund von 36% der Gesichtslänge und ein horizontaler Abstand zwischen den Augen von 46% der Gesichtsbreite ideal. Diese Proportionen entsprechen dem durchschnittlichen Gesicht, welches zudem, ähnlich wie Symmetrie, Gesundheit signalisiert (Zeki, 2001).

Einige Wissenschaftler halten deswegen die Auffassung von Schönheit als kulturellem Konstrukt für einen Mythos. (Z.B. Etcoff Nancy, 2000):

74

Wie dem auch sei: Viele Evolutionsbiologen sind der Meinung, Schönheit diene letztlich als Selektionskriterium bei der Partnerwahl.

Und wahrscheinlich würden die meisten Männer im Durchschnitt als schön geltende Frauen wie Megan Fox, Pamela Anderson oder Angelina Jolie einer Angela Merkel oder Renate Künast bei Sexualkontakten vorziehen. (Ich behaupte dies jetzt einfach mal).

Mir fallen allerdings viele „schöne" Frauen ein, die sich nicht fortpflanzten, obgleich sie doch durch ihre Attraktivität evolutionär gesehen viel Nachwuchs produzieren müssten.

Eine Sharon Stone galt spätestens seit „Basic Instinct" als Sexsymbol.

Sie war und ist nicht nur sehr schlank, sondern verfügt über eine symmetrische Gesichtstform, ein ideales Taille-Hüfte-Verhältnis und gilt außerdem als sehr intelligent.

Allerdings hat sie es bevorzugt, sich nicht fortzupflanzen und scheint deshalb nicht in größere Depressionen verfallen zu sein als manch andere Geschlechtsgenossin mit Nachwuchs.

Nun könnte man unterstellen, dass sie vielleicht keine Kinder bekommen konnte, doch trifft dies sicherlich nicht auf alle kinderlosen, attraktiven Frauen zu.

Anne Will, Maybrit Illner, Charlize Theron, Cameron Diaz oder Jennifer Anniston haben sich bisher nicht fortgepflanzt und scheinen trotzdem recht zufrieden mit ihrem Lebensmodell.

Ich denke, man kann dies u.a. damit erklären, dass zumindest ihr Aufmerksamkeitstrieb durch ihre Popularität sehr gut befriedigt wird.

Möglicherweise haben sie es auch nicht schwer, sich einen passenden Sexualpartner zu suchen, aber wäre das das „erstrebenswerteste Ziel" könnten attraktive Frauen ja auch als gutbezahlte Prostituierte oder Escort-

Damen arbeiten (und tatsächlich kann man auch in diesem Business eine Menge Geld verdienen), so dass sie gleichzeitig ihr Bedürfnis nach Sex als auch nach Geldeinnahmen befriedigen könnten.

Dabei müssten sie mitunter nicht einmal jeden Freier „ranlassen".

Da nicht nur hässliche Männer sich solcher Dienste bedienen, müsste der Prostituiertenberuf einer der begehrtesten überhaupt sein.

Diese arbeiten aber primär für Geld und nicht um besonders viel Sex zu bekommen.

Sex ist Mittel zum Zweck.

Folglich muss es (unbewusst oder bewusst) den attraktiven Schauspielerinnen, Sängerinnen u.s.w noch um etwas anderes gehen:

Erlangung von Popularität, Prestige und Anerkennung gelten in der Gesellschaft als erstrebenswert.

Aber warum eigentlich?

Bekannte Stars haben oftmals wenig Privatleben, werden von Stalkern belästigt und werden von der Presse teilweise auch in negativer Weise dargestellt, genauso wie von Kritikern.

„Schönheit" wird dazu eingesetzt, Aufmerksamkeit zu bekommen. Man hat dadurch nicht unbedingt mehr Sex, oder mehr Kinder.

Ich möchte an dieser Stelle noch mal anführen, dass Stars sicherlich andere Gründe anführten, warum sie gerne berühmt werden wollten:

Beispielsweise: Ich übe gerne meine Beruf aus, ich habe gerne Fans, ich verdiene gerne gut..u.s.w.

Dagegen kann man allerdings halten, dass es auch andere interessante Berufe gibt, bei welchen man besser sein Privatleben schützen und genießen kann.

Dass Fans ja nur die oberflächliche Hülle interessant finden und sich ein anderes Idol suchen, sobald ein „größerer Star" ihnen die Show stiehlt, dass Geld allein bekanntlich nicht glücklich macht und im Grunde ja schon ein Haus, ein teures Autos genug sind, sind keine besonderen Gründe, warum sie nicht nach Popularität streben sollten.

4 Wie man Aufmerksamkeitstrieb befriedigt

Psychotherapie und Seelsorge: Warum sie gut für das psychische Wohlbefinden sind

Wenn man von einem Psychotherapeuten spricht, könnte man von einem bezahlten Freund sprechen.

Gewöhnlich geht es dem Hilfesuchenden nach dem Besuch eines Psychologen oder Psychotherapeuten besser.

Doch warum?

In der Psychotherapie kann sich der Patient so verhalten, wie er sich sonst seiner Umgebung nicht zeigen kann oder will.

Der Therapeut versucht sich während der Sitzung zurückzunehmen, ja seinem Klienten Aufmerksamkeit zu schenken.

Eigene Wünsche oder Lebensansichten werden verschwiegen, während der Patient im Aufmerksamkeitsfokus steht.

Der katholische Priester im Beichtstuhl übt fast eine ähnliche Tätigkeit wie der Psychotherapeuten aus.

Der Gläubige teilt seine Sorgen, sein schlechtes Gewissen sowie verschiedenste Ängste mit.

Der Seelsorger praktiziert fast eine Art Ultra-Kurz-Therapie und muss sich quasi zum Ende der Beichte auch eine Lösung des Problems einfallen lassen.

Therapeut und Seelsorger befreien scheinbar durch empathische und respektvolle Haltung den Klienten/Sünder von seiner seelischen Last.

Doch mit diesem letzten Satz ist auch impliziert, dass man dem Patienten auch ein hohes Maß an individueller Aufmerksamkeit schenkt.

Wenn ich mir die Probleme des Patienten anhöre, und ihm bei der Lösung vermeintlich behilflich bin, musste ich mich mental sehr stark mit dem Problem beschäftigen.

Allein deshalb wird sich der Patient oftmals nach einer Therapiesitzung oder der Beichte besser fühlen.

Wichtig ist dabei auch, dass der Patient nicht kritisiert wird und dieser sich auch einmal schwach zeigen darf ohne dabei ,,an Wert" zu verlieren.

Die Bedeutung der Psychoanalytiker

Die Bedeutung der Psychoanalytiker liegt meiner Meinung nach weniger darin, dass sie – wieder – eine neue Theorie über die Psyche verbreiteten, sondern dass sie sich mit psychisch leidenden Menschen intensiv auseinandersetzten, mitunter sogar jahrelang.

Sie suchten nach den psychischen Ursachen der Störung und brachten dem betroffenen Achtung und Wertschätzung entgegen.

Was den insgesamt respektvollen Umgang mit den Patienten betrifft, so könnten wohl viele psychiatrische Einrichtungen auch heute noch viel von den alten Analytikern lernen.

Milton Ericksons Hypnotherapie

Dank Milton Erickson kam Hypnose in der Psychotherapie wieder mehr zum Einsatz, nachdem sie – auch durch Sigmund Freuds Ablehnung - längere Zeit eher abgelehnt wurde. Durch seinen neuen Ansatz wurde die Individualität jedes einzelnen Klienten/Patienten und daraus folgend die Notwendigkeit, für jeden den passenden Ansatz und Zugang zu finden, betont. Dies stand im Kontrast zu den standardisierten und autoritären Methoden, der 50er und 60er Jahre. Für Erickson ist das Unbewusste die eigentliche Kraft zur kreativen Selbstheilung. Im Unbewussten sind sämtliche Erfahrungen des Menschen abgespeichert, deshalb zielt Ericksons Ansatz darauf ab, die durch starre Denkmuster begrenzte Fähigkeit des Bewusstseins zu erweitern, indem der Hypnotiseur durch spezielle verbale und non-verbale Techniken erreicht, dass das Unbewusste die Führung übernimmt. Das Bewusstsein kann dadurch die unbewussten Selbstheilungskräfte und kreativen Ressourcen berücksichtigen und integrieren.

Erickson verstand es seinerzeit wie wohl kaum ein anderer, sich auf jeden einzelnen individuell einzulassen, so dass viele psychische Probleme positiv beeinflusst werden konnten.

Er verfügte folglich auch über extrem gutes Einfühlungsvermögen und schaffte es so, Vertrauen zu gewinnen.

Ich denke, dass es nicht nur die geschickten Einstreutechniken bzw. Suggestionsmethoden Ericksons waren, die den Patienten halfen.

Da die Individualität des einzelnen Patienten im Vordergrund stand und berücksichtigt wurde, fühlten sie sich verstanden und respektiert, was gleichzeitig bedeutet, dass ihnen individuelle Aufmerksamkeit entgegen gebracht wurde.

Durch den erzeugten Rapport (der Zustand verbaler und nonverbaler Bezogenheit von Menschen aufeinander. Es handelt sich um eine starke Form von Empathie), kam Vertrauen auf, so dass innere Widerstände positiv beeinflusst werden konnten.

Ich bin im Übrigen der Überzeugung, dass jedes aktive, interessierte Zuhören, von aufrichtigem Mitgefühl gekennzeichnet, jedem Menschen guttut.

Will man dagegen die eigene Sicht der Dinge dem anderen „überstülpen,“ wird dies oftmals eher Widerstand beim Gegenüber hervorrufen.

Akzeptiert man hingegen zunächst einmal das „Weltbild“ seines Gesprächspartners, ruft dies meistens bei jenem ein positives Gefühl hervor, oft einhergehend mit Entspannung und erst in einem solchen Zustand, können indirekte oder auch direkte Suggestionen wirken.

Warum Männer zu Prostituierten gehen

Seltsam nur, dass es mehr Männer (in Deutschland) gibt, die zu Prostituierten als zum Psychologen oder Psychotherapeuten gehen.

Der Polizeipsychologe Adolf Gallwitz redet von ca.1 Million Männer, die täglich in Deutschland Prostituiere aufsuchen.

Sigmund Freud, der ja fast alles Streben auf sexuelle Energien im weitesten Sinne schob, hätte das nicht für ungewöhnlich gehalten.

Viele Prostituierte erzählen allerdings auch davon, dass etliche Freier vor Ausführung des sexuellen Aktes gerne Gespräche führen.

Sie wollen zunächst ihren Aufmerksamkeitstrieb befriedigen.

Ich denke aber auch, dass vielen Männern die Atmosphäre bei einer Prostituierten ein Gefühl der Entspannung verschafft.

Sie können dort „einfach Mann" sein.

Sie müssen nicht der beherrschte Chef einer Firma oder der Familienvater, der hauptsächlich als Ernährer gefragt ist, sein.

Sie können bei einer Frau, die außer Geld gar nichts fordert, ihre „primitive Männlichkeit" ausleben, brauchen sich nicht zusammenzureißen.

Auch die „sexuelle Natur" des Menschen will hin und wieder Beachtung finden.

Tatsächlich kann auch bei zu viel psychischem Stress die Libido leiden und muss man schon mit der Ehefrau gemeinsam den Alltag regeln, in Gegenwart von dieser vollkommen auf Lust, Entspannung oder Romantik umzuschalten.

Die entscheidenden Impulse für die Erektion gibt nämlich das parasympathische Nervensystem.

Stress, Leistungsdruck und Versagensängste sind hingegen seine Gegenspieler.

Dies erklärt auch, warum bei der Impotenz die Psyche fast immer eine Rolle spielt.

Eine Atmosphäre, die wie im Bordell mit Lust assoziiert ist, trägt somit von Haus aus eher zu einer Aktivierung des Parasympathikus bei.

Bei einer Prostituierten kann man folglich „mehrere Fliegen mit einer Klappe schlagen":

Entspannung der Psyche und gleichzeitig körperliche Befriedigung.

Natürlich spielt auch der Reiz des Neuen beim Sex mit einer anderen Frau eine entscheidende Rolle.

Kennt man seine Ehefrau schon jahrelang, gehen oft ja auch erotische Gefühle verloren, für die es auch den Hauch des Unbekannten bedarf.

Doch ist der Mann innerlich nicht bereit, wird ihn auch kein neuartiger Reiz animieren können.

Übrigens werden wohl auch viele Bordellbesitzer bestätigen, dass häufig auch Ärzte, Manager, erfolgreiche Fußballer oder andere hochrangige, reiche Männer Prostituierte aufsuchen.

Nun kann man argumentieren, dass diese eben auch über das nötige Kleingeld verfügen, um besagte Dienste zu bezahlen.

Ich erkläre das Verhalten wiederum anders:

Erst wenn sich ein Mann z.B. beruflich so verwirklicht hat wie er es immer wollte, und über das nötige soziale Prestige verfügt, kann er seine Sexualität voll und ganz genießen b.z.w. sich darauf konezntrieren.

Ich kenne z.B. selbst viele junge Männer, die keine besondere Lust auf Sex haben, wenn es z.B. beruflich nicht so läuft.

Oftmals haben diese sogar hübsche Freundinnen, im Schlafzimmer läuft aber trotzdem wenig.

Dabei müsste aufgrund des hohen Testosteronspiegels ihre Libido im Alter zwischen 20 und 30 besonders hoch sein.

Ich bleibe also dabei: Aufmerksamkeitstrieb will vor Sexualtrieb befriedigt werden oder anders ausgedrückt: Das Bedürfnis in der Gesellschaft etwas zu gelten, anerkannt zu werden, ist oft stärker als das Bedürfnis nach häufigem Sexualverkehr.

Haben die Männer wie beispielsweise Bill Clinton erst einmal ein hohes Amt erreicht, so dass sie auch von vielen Frauen ,,positive" Beachtung finden, wird es schwierig, eben solchen zu widerstehen.

Vergleich zwischen Prostitution und Psychotherapie

Wie bereits dargelegt gehen Männer nicht nur wegen Sex zu Prostituierten, wenngleich auch recht oberflächliche Motive, die mit ,,reiner Körperlichkeit" zu tun haben, eine Rolle spielen.

Doch oberflächliche Erklärungen allein treffen oft nicht den tieferen Kern.

Daher möchte ich im Folgenden noch einmal auf die ,,psychologische Hintergründe" eingehen.

Prostituierte erlauben Kunden ungewöhnliches (sexuelles, aber auch psychisches) Verhalten.

Genau wie in der Psychotherapie darf der Klient Schwächen zeigen, er bekommt somit Aufmerksamkeit für einen Teil seiner Persönlichkeit, den er vor anderen verbirgt.

Eine Prostituierte verschweigt ebenso wie ein Psychotherapeut persönliche Wünsche und nimmt sich selbst zurück.

Einige wenige Sexualtherapeuten (vor allem in Nordamerika) haben in ihrem Team übrigens sogar Prostituierte, die sozusagen den praktischen Teil der Therapie übernehmen.

Kurzum bei einer Prostituierten steht der Kunde mit seinen speziellen Wünschen im Vordergrund, er muss es nicht ihr recht machen, sondern sie ihm.

Seinem „sexuellen Es" wird Aufmerksamkeit geschenkt, dafür bekommt sie Geld.

Sie ist eben das reine Objekt (welches benutzt wird), der Kunde bekommt die Rolle des Subjekts zugewiesen.

Seine Wünsche und Bedürfnisse stehen im Vordergrund, auch seinen „niederen Instinkten", welche ja Teil seiner Persönlichkeit sind, wird Aufmerksamkeit geschenkt.

Somit könnte man sagen, dass sowohl bei Psychotherapie als auch bei Prostitution ein „nicht-oberflächllicher Teil" der Persönlichkeit ausgelebt werden kann.

Wahrscheinlich haben die meisten Menschen ab und zu das Bedürfnis, sich bei einem Menschen sprichwörtlich „auszukotzen" oder sich sexuell „gehen zu lassen".

Während man also bei seiner Ehegattin häufig manche Bestandteile seiner Persönlichkeit unterdrückt (vielleicht manchmal auch, wenn man diese zu stark respektiert), muss man dies bei einer Prostituierten nicht.

Das „Problem" liegt manchmal eben auch darin begründet, dass eine Frau alleine eben oft schlecht mehrere Rollen auf einmal einnehmen kann:

Mutterersatz, gleichberechtigte und starke Partnerin, die mysteriöse Frau, die man nicht einschätzen kann und dann eben auch noch Sexualobjekt, das man in gewisser Art und Weise benutzt.

Aber gut manchmal soll es auch mit einer Partnerin ganz gut funktionieren.

84

5 Symptome unterdrückten Aufmerksamkeitstriebs

Warum Babies schreien

Welche junge Mutter treibt es nicht manchmal in den Wahnsinn, wenn ihr Baby einfach nicht aufhört zu schreien.

Hunger ist ausgeschlossen, da gerade gestillt wurde, ständiges Bauchweh kann es laut Kinderarzt auch nicht sein, da mit der Verdauung alles stimmt, auch Überreizung kommt nicht in Frage, wenn es alleine im Bettchen liegt.

Es bleibt im Grunde nur eine Erklärung übrig.

Es möchte die Aufmerksamkeit seiner Umgebung erlangen und natürlich kann man hier wohl noch von keiner bewussten Absicht sprechen.

Es möchte eine Reaktion auf das eigene Verhalten hin, mit seiner Umwelt wechselwirken.

Nun kann man einwenden, dass es ganz einfach Impulse, also äußerer Reize bedarf.

Schließlich ist es ja auch neugierig und will lernen. Da das Baby aber oftmals allein schon dann ruhiger wird, wenn es beispielsweise herumgetragen oder im Kinderwagen geschoben wird und dies auch bei Wiederholung ,,funktioniert", ist davon auszugehen, dass es eben in erster Linie beachtet werden will, wenngleich Beachtung der eigenen Person bzw. Reaktion auf eigene Aktion nicht komplett auseinandergehalten werden können, wie bereits geschildert.

Babies unterdrücken noch keine grundlegenden Bedürfnisse b.z.w. Urtriebe und da es eben ein positives Gefühl für sie erzeugt, Aufmerksamkeit zu bekommen, schreien sie, um sie zu bekommen.

Babies, die bei geringer Beachtung schreien, sind folglich keineswegs gestört, sondern handeln gemäß ihres vererbten Drangs.

Negieren will ich trotzdem nicht, dass das Baby auch lernen möchte (auch dies gibt ihm sein vererbter Drang vor) und dazu braucht es natürlich auch die Stimulation durch Reize.

Hospitalismus

In Zusammenhang mit Hospitalismus kennen viele sicherlich die Berichte zu folgendem Experiment von Kaiser Friedrich II:

Dieser wollte – so ist es dokumentiert - zu Beginn des 13. Jahrhunderts herausfinden, „in welcher Sprache Kinder sich auszudrücken beginnen würden, die niemals vorher irgend ein Wort sprechen gehört haben". So übergab er Wärterinnen und Ammen mehrere verwaiste Säuglinge zur Aufzucht mit der Anweisung, ihnen die Brust zu reichen, sie zu reinigen, zu baden, etc. aber mit dem strengen Verbot, mit ihnen zärtlich umzugehen und mit ihnen oder vor ihnen ein Wort zu sprechen. Alle Kinder sollen in frühem Alter gestorben sein. Sie konnten scheinbar ohne die freundlichen Blicke und Liebkosungen nicht leben.

Natürlich ist diese Art von Experiment am Menschen mittlerweile aus ethischen Gründen zu Recht verboten und ob sich die Geschichte tatsächlich genauso zugetragen hat, ist ebenfalls umstritten, doch

86

beschäftigt sich die psychologische Forschung trotzdem weiterhin mit besagtem Thema:

Je nach Ursache und Schweregrad spricht man beim Hospitalismus auch von psychischem Hospitalismus (*Deprivationssyndrom*) oder von infektiösem Hospitalismus. Es wird davon ausgegangen, dass eine schwere seelische Deprivation auch körperliche Folgen nach sich zieht und umgekehrt, bei schwerer pflegerischer Vernachlässigung, auch psychische Symptome auftreten.

Kaspar-Hauser-Syndrom

In Medizin und Psychologie verwendet man für die schwerste Form von Hospitalismus oft den Begriff „Kaspar-Hauser-Syndrom" bei *völligem Reizentzug* in Kombination mit Misshandlung bzw. falscher Haltung/Einpferchung. Der Begriff wird sowohl für Kinder (selten) als auch für Tiere (häufiger) verwendet, die über lange Zeit Reizentzug und Misshandlungen ertragen mussten und deshalb in ihrer Entwicklung gestört wurden. Neben körperlichen und geistigen Beeinträchtigungen kann dann auch starke Ängstlichkeit auftreten.

Ein Beispiel für das „Kaspar-Hauser-Syndrom" ist die Geschichte eines Hundes, der seit seiner Geburt über Jahre hinweg in einem engen Käfig im Schaufenster einer Zoohandlung gehalten wurde. Als dieser Hund befreit wurde, war er vor lauter Angst nicht in der Lage zu laufen.

Psychischer Hospitalismus (Deprivationssyndrom)

Psychischer Hospitalismus wird auch als Hospitalismus-Syndrom, Hospitalschaden, *Deprivationssyndrom*, oder emotionale/seelische Deprivation bezeichnet.

87

Er äußert sich durch Entwicklungsstörungen bei längerem Krankenhaus- oder Heimaufenthalt infolge unpersönlicher Betreuung und mangelhafter individueller Zuwendung (Mangel an Reizen, Mangel an Zuwendung). Durch die Einweisung in ein Heim, lieblose Betreuung zu Hause, Trennung der Eltern oder gar Kindesmisshandlung soll es oft zu einer *ängstlich-widerstrebenden* oder einer *ängstlich-vermeidenden Bindung* des Kindes an die Erzieher kommen. Psychischer Hospitalismus kommt häufig in Kinderheimen und auch in manchen Familien vor, wenn die Kinder nicht ausreichend Zuwendung erhalten.

Mit diesem letzten Satz kommt auch zum Ausdruck, dass die Psyche nicht nur dann geschädigt wird, wenn äußere Reize fehlen, sondern vor allem dann, wenn man ihr individuelle, positive (bedürfnisgerechte) Aufmerksamkeit vorenthält. Genau dies ist meiner Meinung nach ja für das psychische Wohlergehen essentiell.

Denn wie bereits dargelegt, bereitet es ja zumeist ein angenehmes Gefühl etwas von der „knappen Ressource" Aufmerksamkeit zu erlangen.(Sofern man nicht gerade davon überhäuft wird, weil man beispielsweise ein Star ist).

Doch dass selbst Säugetiere mehr als die Befriedigung der „einfachen Grundbedürfnisse" brauchen, um sich gesund entwickeln zu können, verdeutlichen Experimente von Harry Harlow.

Affen, die ohne Spielgefährten heranwuchsen, wirkten später oft ängstlicher als ihre Artgenossen, die mit Gleichaltrigen herangewachsen waren. Völlig isoliert aufgezogene Tiere waren später derart verhaltensgestört, dass sie oft zur Aufzucht eigener Jungen nicht mehr fähig waren.

Ihnen fehlte die Aufmerksamkeit und Reaktion ihrer Artgenossen.

Wenn man davon ausgeht – hinsichtlich des Erbguts besteht dabei kein Zweifel – dass Menschen und Säugetiere relativ nahe miteinander verwandt sind, scheint die Annahme berechtigt, dass beiden Spezies das Grundbedürfnis innewohnt, innerhalb der sozialen Gemeinschaft eine gewisse „adäquate" Behandlung zu erfahren. Bleibt eine solche aus, wird das Individuum krank, selbst wenn es ansonsten ausreichend Schlaf, Nahrung oder „Obdach" erhält.

Allerdings möchte ich mit den nun folgenden Zeilen zutage treten lassen, dass der Mensch für sein psychisches und körperliches Wohlergehen auch – zumindest zeitweise – auf die tatsächliche körperliche Nähe zum Mitmenschen verzichten kann, solange er sich zumindest zu einem späteren Zeitpunkt – ob bewusst oder unbewusst - der Aufmerksamkeit seiner Mitmenschen sicher sein kann/glaubt.

Daher spreche ich in diesem Buch eben auch nicht über den „Kuscheltrieb" oder Trieb nach körperlicher Nähe, sondern über den „Aufmerksamkeitstrieb" des Menschen.

Stalking als Folge unkontrollierten Aufmerksamkeitstriebs

Im Englischen bedeutet *to stalk* unter anderem heranpirschen, jagen; in die deutsche Sprache übertragen „Nachstellen, Verfolgen, Psychoterror".

Stalker sollen besonders Menschen mit einem geringen Selbstwertgefühl sein, die angeblich häufig unter Persönlichkeitsstörungen bis hin zu Psychosen leiden können. Dies erklärt, warum viele Stalker dann auch ziemlich uneinsichtig und vernünftigen Argumenten gegenüber nicht aufgeschlossen sind.

Tatsächlich zählen zu den Stalkern häufig verlassene und/oder zurückgewiesene Liebhaber, die sich ungerecht behandelt fühlen. Sie sollen schüchtern sein und unter einer sozialen Inkompetenz leiden, was ihnen dann die Kontaktaufnahme erschwert.

So viel zu den gängigen Erklärungen des als krankhaft geltenden Stalkingverhaltens.

Nun kenne ich allerdings selbst Leute aus meinem Bekanntenkreis, die von ihrem Partner verlassen wurden und es zunächst einfach nicht wahrhaben wollten. In ihrer seelischen Not schickten sie ihren Expartnern weiterhin SMS, riefen sie unter Vorwänden an, ja suchten weiterhin Kontakt, was zur Folge hatte, dass sich der Expartner nur noch mehr von ihnen distanzieren wollte, ja oftmals, wenn das „Hinterrennen" zu penetrant wurde, regelrecht genervt reagierte.

Natürlich wird man wohl erst dann von Stalking sprechen, wenn der Expartner sich tatsächlich verfolgt und somit in seiner individuellen Freiheit eingeschränkt fühlt.

Trotzdem muss man doch klar erkennen, dass sich viele nach dem Verlassenwerden zum Abstand zwingen müssen und den Expartner oft gerne von der Falschheit ihrer Entscheidung überzeugen würden.

Wohl dem, der auf kluge Beziehungsratgeber oder Bücher wie „Expartner zurückgewinnen" stößt, aus denen sie entnehmen können, dass sie nur durch das Respektieren des gewollten Abstands überhaupt die Möglichkeit haben, den ehemals „geliebten Menschen" wieder zurückzugewinnen.

Tatsächlich scheint es nur allzu menschlich zu sein, zunächst einmal nicht wahrhaben zu wollen, dass jemand plötzlich weniger Kontakt, ja vielleicht sogar die Trennung von einem will, obwohl man sich zuvor vielleicht jahrelang gut verstanden hatte.

(Wobei meiner Meinung nach Trennungen aus heiterem Himmel so gut wie nie passieren).

Aber ist es denn tatsächlich die ,,Liebe" zum anderen Menschen, welche uns dazu drängt, die Trennung zunächst nicht akzeptieren zu wollen?

Natürlich kann man einen Menschen, der einem mal sehr nahestand, vermissen und dass einem die Nähe dann abgeht, ist ebenfalls klar.

Aber geht es uns tatsächlich primär um die andere Person?

Wahre Liebe, die auf Respekt beruht, ließe doch los, wenn man merkt, dass es das Gegenüber eben so will.

Ist man in sich gefestigt oder findet man andere Möglichkeiten des sozialen Austauschs wird man die Lücke, die die Trennung hinterlässt, wohl eher wieder auffüllen und verkraften können.

Das braucht eben manchmal seine Zeit.

Sind hingegen nicht genügend Kompensationsmöglichkeiten (z.B. in Form von Hobbys, Beruf oder Freunden, vorhanden, wird der Verlust umso stärker schmerzen).

Ich denke, dass eine Trennung besonders dann schwierig zu akzeptieren ist, wenn man das Gefühl hat (ob bewusst oder unbewusst), dass man die vorher vom Partner erhaltene Aufmerksamkeit nur schwerlich anderweitig erhält.

Man hat sich stark über diesen einen Partner definiert (bis zu einem gewissen Grad tut man das natürlich irgendwie immer) und fühlt sich deshalb danach irgendwie unvollständig.

Zwischen Stalker und Stalkingopfer herrscht keine Ebenbürtigkeit mehr.

Während der eine scheinbar nicht mehr ohne den anderen kann, möchte der ,,Gestalkte" nur noch seine Ruhe. Er braucht und will die Aufmerksamkeit vom Stalker gar nicht.

Natürlich kann man auch falsches „Besitzdenken" oder eben ein „Nichtloslassenkönnen" als das grundlegende Problem ausfindig machen, was natürlich auch egoistische Motive sind, doch nachdem – vor allem was das Nachstellen bei berühmten Persönlichkeiten betrifft – man sich mit dieser Methode ja keineswegs die positive Gunst des anderen sichert, erscheint das Verhalten zunächst einmal irrational und wenig zweckdienlich.

Da aber jede Handlung auch von einem gewissen Motiv getrieben ist, muss einem das „Stalkingverhalten" ja auch irgendeine Art von Befriedigung verschaffen.

Da jeder, der schon einmal eine Trennung zu verkraften hatte, weiß, wie schwer es ist, eine Kontaktsperre einzuhalten, werden viele wohl nachvollziehen können, dass es dem Stalker auch etwas geben kann, seinem „Opfer" nachzustellen; nur schafft oder will er es eben nicht mehr kontrollieren: Hauptsache er erlangt die Aufmerksamkeit seines „Stalkingopfers" zumindest zeitweise.

Aus meiner Sicht kann man das Verhalten somit folgendermaßen erklären:

Man kommt im Grunde nicht damit klar, dass der andere ohne einen kann und fühlt sich dadurch in seiner Existenz b.z.w. Wertigkeit herabgesetzt. Man glaubt, sich erst dann wieder besser fühlen zu können, wenn man vom Gegenüber wieder wahrgenommen, ja wieder als wichtig erachtet wird.

Seine „überschüssigen Energien" nach einer Trennung sollte man am besten auf andere Bereiche fokussieren, so dass man zumindest dort „Ersatzbestätigung" findet.

Ein unterdrückter Aufmerksamkeitstrieb schafft sich oft später ein Ventil

Der Mangel an Gemeinschaftsgefühl ist für Adler Ausdruck psychischer Krankheit: „Neurotikern, Psychotikern, Kriminellen, Trinkern, Problemkindern, oder auch Selbstmördern fehle eben dieses Gemeinschaftsgefühl.

Ihr Erfolgsziel sei oft die persönliche Überlegenheit.

Die Frage ist natürlich, warum diesen „Problemfällen" das Gemeinschaftsgefühl fehlt:

Ich denke, dass sie oftmals selbst das Gefühl hatten, ungerecht behandelt worden zu sein oder nicht genug individuelle Aufmerksamkeit für ihre Bedürfnisse erhalten haben.

Sozusagen als Rache, oder zum Zwecke der„ausgleichenden Gerechtigkeit" (natürlich teilweise auch unbewusst) wollen sie selbst in erster Linie Aufmerksamkeit erhalten und nicht mehr zu viel geben.

Irgendwann haben sie es folglich aufgegeben, sich noch als Bestandteil der Gesellschaft zu erleben und wollen sich dann als dem Rest überlegen fühlen, um nicht selbst wieder gedemütigt zu werden.

Dabei gibt es genügend Beispiele von sehr erfolgreichen Menschen, die es in der Kindheit nicht leicht hatten, dafür aber ein großes Talent, Ehrgeiz oder überdurchschnittliche Intelligenz entwickelten.

Jean Paul Sartre war klein, auf einem Auge blind, wurde als Kind oft gehänselt und wurde bekanntlich später als Schriftsteller so herausragend, dass ihm sogar der Literaturnobelpreis zugesprochen wurde. (Den er allerdings ablehnte).

Auch Literaturnobelpreisträger Albert Camus hatte es nicht einfach mit seiner Mutter, schämte sich für sie und seine Herkunft, (und bekam wohl auch von seinen Eltern nicht die Wertschätzung, die er eigentlich gebraucht hätte), aber er entwickelte eine besondere Intelligenz als Ventil.

So war auch dieser wieder „nützlich" für die Gesellschaft, sein Aufmerksamkeitstrieb wurde befriedigt und er konnte einigermaßen zufrieden leben.

Gerhard Schröder wollte wohl auch nicht nur ins Kanzleramt, um einmal teure Zigarren rauchen oder Anzüge tragen zu können.

Natürlich wollte der aus ärmlichen Verhältnissen stammende Schröder auch einmal reich sein, aber vor allem wollte er auch endlich in der Gesellschaft etwas gelten.

Auch er konnte sein ursprüngliches Minderwertigkeitsgefühl in nützliche Bahnen lenken.

Minderwertigkeitsgefühle

Adler hält Minderwertigkeitsgefühle beim Kind zunächst auch für normal, weil es ja den Erwachsenen in vielen Funktionen noch unterlegen ist.

Er schreibt: „Menschsein heißt auch, sich unzulänglich und minderwertig zu fühlen. Da Minderwertigkeitsgefühle aber ein entscheidendes Stimulanz des Wachstums und der kulturellen Entwicklung sind, sollten wir in den eigentlichen Minderwertigkeitsgefühlen etwas Positives sehen. Nur unter sehr unguten Bedingungen verstärkt sich das Minderwertigkeitsgefühl zum Minderwertigkeitskomplex, der jegliche Entwicklungsbestrebungen blockiert."(Adler, 1939)

Für ihn kommt es zu einem Komplex, wenn die Kompensation misslingt. Dann würde sich oft ein Überlegenheitskomplex ausbilden. Ein solcher kann dadurch entstehen, wenn die Minderwertigkeit verdrängt wird und in Gedanken in eine Überwertigkeit verwandelt würde. Hier wird die

Minderwertigkeit mit einem Größenwahn überkompensiert. So schreibt Adler dann auch: „Wir sollten nicht überrascht sein, wenn wir in den Fällen, wo wir einen Minderwertigkeitskomplex sehen, mehr oder weniger einen Überlegenheitskomplex finden."

Das was Adler als Minderwertigkeitskomplex bezeichnet, ist meines Erachtens das Resultat eines zunächst stark unterdrückten und dann letztlich übertriebenen Aufmerksamkeitstriebs.

Der Mensch trachtet dann im späteren Leben oftmals nach Kompensation durch Überlegenheit

Denn wer in einer „machtvollen" oder angesehenen Position ist, bekommt dann auch zwangsläufig „positive Aufmerksamkeit" inform von respektvoller Behandlung.

Magersucht

Wenn Mädchen oder Frauen sehr dünn werden, machen sie zwangsläufig auf sich aufmerksam.

Wollten sie es nicht, müssten sie Normalgewicht anstreben.

Aber was steckt hinter der Magersucht?

Es gibt hierbei ganz unterschiedliche Erklärungsmodelle. Aufgrund einer „Überangepasstheit" in der Kindheit sollen einige Magersüchtige später ein Ohnmachtsgefühl gegenüber dem eigenen Körper entwickeln. Häufig könnten sich Magersüchtige nur über die Kontrolle des eigenen Körpers und der Überwindung der Hungergefühle erleben. Aus diesem Grund gewinnt die Beschäftigung mit dem Körpergewicht an enormer Bedeutung.

Aber natürlich gibt es auch psychoanalytische Erklärungen: Dieses Modell versteht die Magersucht als eine Form der Abwehr sexueller Wünsche und als die Möglichkeit, psychosexuelle Entwicklungskrisen in der Pubertät zu beenden, um damit in die vermeintlich glückliche Kinderwelt zurückzukehren.

Der Körper verliert seine sekundären Geschlechtsmerkmale, wodurch die sexuelle Signalwirkung des Körpers reduziert wird. Mein Erklärungsmodell ist wiederum wie folgt. Magersüchtige mussten vielleicht lange Zeit ihre eigene Persönlichkeit b.z.w. eigenen Wünsche unterdrücken. Sie bekamen nicht die Portion individuelle Aufmerksamkeit, die sie eigentlich gebraucht hätten. Als Ventil zur Persönlichkeitsentfaltung wählen die Mädchen (teils bewusst, teils unbewusst) die Magersucht. Häufig bekommen sie durch das geringe Gewicht dann die Aufmerksamkeit ihrer Mitmenschen. Es ist ihnen also nur möglich, das vollkommen normale Bedürfnis nach Nahrung zu unterdrücken, da ein anderer starker Trieb dadurch oft besser seine Befriedigung findet: Ihr Aufmerksamkeitstrieb! Geht man davon aus, dass jegliche Handlung auch von irgendeinem, egoistischen Antrieb motiviert ist, dürfte diese Annahme auch recht logisch sein.

Warum nun die ,,Abwehr" von Sexualität dahinter stecken soll, ist aus meiner Sicht nicht einleuchtend, da Sexualität ja an und für sich mit Lustgewinn verbunden ist. Allerdings kann man einem Menschen, der quasi noch die Formen eines Kindes hat, auch nicht behandeln wie einen Erwachsenen und ihm die damit verbundenen Pflichten aufbürden. Es steckt also unter Umständen noch der Wunsch dahinter, wie ein Kind behandelt zu werden, ähnlich beschützt und somit weiterhin bemuttert oder ,,bevatert" zu werden. Kinder erhalten ja von den Eltern sozusagen noch eine geschenkte Aufmerksamkeit (auch durch den Brutpflegetrieb motiviert), da man sich ja noch um sie sorgt, ohne von ihnen schon eine Gegenleistung zu erwarten. Wird man allerdings als potentieller Sexualpartner wahrgenommen, impliziert dies eben auch, dass man zur Abreagierung des Sexualtriebs in Frage kommt. Ein Wesen, das man primär beschützen will, kann allerdings nicht das perfekte Sexualobjekt sein, denn dieses sollte ja in erster Linie ,,ausgereift" und fortpflanzungsfähig sein. So ist es wohl zumindest von der Natur gewollt und Prozesse wie Pubertät, welche ja das Heranreifen von sekundären Geschlechtsmerkmalen miteinschließt, bräuchten ansonsten nicht stattzufinden. Warum nun Pädophile sich sexuell eben zu diesen kindlichen Formen hingezogen fühlen, möchte ich hier nur kurz anschneiden: (Das Thema ist zu komplex als dass es an dieser Stelle hinreichend behandelt werden könnte).

Häufig sind Kinder Ersatzobjekte, d.h. eigentlich fühlen sich die Männer schon zu Frauen hingezogen, haben aber gerade keine Sexualpartnerin und reagieren sich dann am schwächeren Kind ab.

Ist das Kind kein Ersatzobjekt, ist mitunter der Täter selbst noch keine ausgereifte Persönlichkeit, und sucht sich daher keinen sexuell ausgereiften Partner.

Dass es natürlich Pädophilie auch schon bei den alten Griechen und Römern gab, deutet darauf hin, dass die ,,Kinderliebe" durchaus in den Genen liegt, aber wie gesagt das soll hier nicht das Thema des Buches sein.

6 Bedürfnis nach Kommunikation und Aufmerksamkeitstrieb: Wie es zusammenhängt

Nun mag manch einer einwenden, dass es uns Menschen nicht um die Befriedigung eines Aufmerksamkeitstriebes, sondern um Kommunikation geht.

Doch wie hängt beides zusammen und was ist eigentlich Kommunikation?

Kommunikation stammt aus dem Lateinischen *communicare* und bedeutet „teilen, mitteilen, teilnehmen lassen; gemeinsam machen, vereinigen". In dieser ursprünglichen Bedeutung ist eine Sozialhandlung gemeint, in die mehrere Menschen (allgemeiner: Lebewesen) einbezogen sind. Wesentliche Aspekte dieser Sozialhandlung sind zum einen *Anregung und Vollzug von Zeichenprozessen* und zum anderen *Teilhabe*, in der etwas *als etwas Gemeinsames* entsteht (lateinisch *communio*: „Gemeinschaft", *communis*: „gemeinsam"). Kommunikation als Sozialhandlung ist immer situationsbezogen. Durch Kommunikation werden folglich Hindernisse überwunden, die sich allein nicht bewältigen lassen.

Kommunikation wird häufig auch als „Austausch" oder „Übertragung" von Informationen beschrieben. „Information" ist in diesem Zusammenhang eine zusammenfassende Bezeichnung für Wissen, Erkenntnis oder Erfahrung. Mit „Austausch" ist ein gegenseitiges Geben und Nehmen gemeint. „Übertragung" die Beschreibung dafür, dass dabei Distanzen überwunden werden können, oder es ist eine Vorstellung gemeint, dass Gedanken,

98

Vorstellungen, Meinungen und anderes ein Individuum „verlassen" und in ein anderes „hinein gelangen". Dies ist eine bestimmte Sichtweise und metaphorische Beschreibung. Bei genaueren Beschreibungen des Phänomens Kommunikation wird die Anwendung dieses Vergleichs zunehmend schwieriger. (vgl auch wikipedia: Kommunikation).

Auch wenn Kommunikation zum Teil unterschiedlich definiert wird, scheint man nur dann von Kommunikation reden zu können, wenn nach dem Austauschen der Information auch eine Rückmeldung (sozusagen eine adäquate Reizantwort) kommt.

Doch keineswegs betreibt man Kommunikation allein um des Zweckes willens, also um ein Problem zu lösen, was folglich als zielgerichtet zu bezeichnen ist.

Man betreibt Kommunikation auch aufgrund des angeborenen Drangs dies zu tun.

Da Kommunikation bereits bei Bakterien zu finden ist, ist davon auszugehen dass in jedem Lebewesen der „Drang" nach Kommunikation b.z.w. das „Prinzip Kommunikation" vorherrscht und somit auch sehr stark den Menschen lenkt.

Kommunikation findet man bei jedem Lebewesen

Kommunikation im Sinne des gegenseitigen Austausches von Informationen findet man schon bei den einfachsten Lebewesen, nämlich den Bakterien. Das Bakterium tritt also mit einem anderen Bakterium in Wechselwirkung. Dabei ist natürlich nicht davon auszugehen, dass das Bakterium den „bewussten Drang" verspürt, dies zu tun. Es ist darauf programmiert.

Bakterienzellen sind in der Lage, mittels interzellulärer Signalmoleküle miteinander zu kommunizieren. In den meisten Fällen sind diese Signale kleine, diffusionsfähige Moleküle, das den Bakterien hilft, ihre Populationsgröße abzuschätzen.

Wie andere Kommunikationssysteme sind die von Bakerienzellen genutzten Systeme aus vier Komponenten aufgebaut: *Signalausgabe, Art des Signals, Empfang eines Signals und Ausgabe einer Signalantwort.*

In derartiger Weise läuft Kommunikation eben auch bei uns Menschen ab und eine Kommunikation wird wohl erst dann als befriedigend empfunden, wenn wir auf unser Anliegen hin eine passende Rückmeldung bekommen.

Dass wir also verstanden worden sind.

Trotzdem möchte ich an dieser Stelle noch einmal das Phänomen (beispielsweise bei Talkshows) erwähnen, dass so gut wie jeder Gast vor allem seine eigene Erfahrung, Meinung loswerden möchte.

Für die meisten ist es eher schwer, zu schweigen und nur zuzuhören.

Der Drang, seine eigene Meinung loszuwerden, erscheint mir oft stärker zu sein, als ,,Neues" erfahren zu wollen.j

Der Drang ,,sich selbst zum Reizobjekt zu machen" als Kennzeichen jedes Lebewesens

Die naturwissenschaftliche Definition von Leben ist eine Beschreibung von charakteristischen Merkmalen, die in ihrer Gesamtheit ein Lebewesen ausmachen. Dazu zählen:

Nahrungsaufnahme und Stoffwechsel, Wachstum, Selbstreplikation, Fähigkeit zur Anpassung an eine sich ändernde Umwelt und auch *Reaktion auf Außenreize bzw. Informationsaustausch.*

Ich würde wie gesagt ein weiteres Kennzeichen allen Lebens einführen:

Nämlich den Drang des einzelnen Lebewesens, sich selbst zum Reizobjekt zu machen, so dass man eine Reaktion und Aufmerksamkeit erhält.

Das Urprinzip allen Seins: Miteinander in Wechselwirkung treten

Wenn man miteinander kommuniziert, tritt man bzw. seine Gedanken und Worte miteinander in Wechselwirkung.

Im abstrakten Sinn könnte man sogar sagen, dass dieses ursprüngliche Prinzip schon bei Atomen noch vor Entstehen irgendwelcher organischer Substanz zu finden war.

Es konnte erst Wasser entstehen, als Sauerstoff mit Wasserstoff reagierte.

Erst durch die Reaktion von zwei „unabhängigen" Elementen konnte etwas „Neues" mit neuen Eigenschaften entstehen.

Ein sehr ursprüngliches Prinzips des Seins scheint folglich der „Drang" zu sein, mit etwas anderem in Verbindung zu treten und mit ihm wechselzuwirken.

Nachdem man bei Elementen ja noch nicht von Genen sprechen kann, die einem dazu programmiert haben, muss natürlich eine andere Kraft oder Energieform zu dieser Art von Reaktion beigetragen haben. Ob dies nun eine Art undefinierbarer Urkraft war, sei einmal dahingestellt.

Der Drang „Energie aufzunehmen bzw. abzugeben": Analogie zwischen chemischen Reaktionen und Psyche

Wollten Chemiker allerdings erklären, wann Elemente b.z.w. Atome miteinander reagieren, würden sie dies folgendermaßen beschreiben: Es wird von Edukten (Ausgangsprodukt) Energie abgegeben oder aufgenommen. Das Produkt bzw. die Produkte haben andere chemische und physikalische Eigenschaften als das Edukt bzw. die Edukte. Eine *chemische Reaktion* ist also ein Vorgang, bei dem chemische Spezies ineinander umgewandelt werden (Jost Weyer, 1973) bzw. genauer: bei dem aus einem oder mehreren „Edukten" (auch „Reaktant" bzw. „Reaktanten" genannt) ein oder mehrere „Produkte" entstehen. Die gezielte Herstellung von Produkten mit gewünschten Eigenschaften ist schließlich die Hauptaufgabe der chemischen Industrie.

Somit könnte man im übertragenen Sinne in Bezug auf Kommunikation auch vom Drang sprechen, seine eigene „psychsiche Energie" loszuwerden, auf den anderen zu übertragen und dafür eine andere psychische Ressource (nämlich Aufmerksam zu erhalten).

Fast hat man den Eindruck, die meisten hätten eher zu viel psychische Energie loszuwerden, (und können deshalb so schlecht zuhören) aber dafür könnte man unterschiedliche Erklärungsmodelle anführen.

Warum „facebook" und andere Internetportale so erfolgreich sind

Der „facebook"-Gründer Mark Zuckerberg wurde zum Milliardär, obwohl seine Idee zunächst trivial anmutet.

Per Internet kann man sich dort sämtlichen „Freunden" schnell mitteilen. Manch einer hat dort sogar mehrere 100 „Internetfreunde", die man wohl selten persönlich trifft, aber denen man sich trotzdem mitteilen möchte.

102

Oft indirekt, wenn man beispielsweise allgemeine Neuigkeiten preisgibt, die dann von den sogenannten Freunden gelesen werden können.

Aber das ist auch Sinn und Zweck des ganzen Portals.

Kommunikation steht ja im Dienste des sich gegenseitigen Mitteilens, im Dienste, auf sich aufmerksam zu machen.

Es kann manchmal auch befriedigend sein, wochenlang z.B. mit seinem Partner per Internet zu kommunizieren, wenn man sich schon nicht „in natura" begegnet.

Ich kenne sogar Menschen, die an sich ein recht „abgeschottetes Leben" führen und deren hauptsächliche Kommunikation tatsächlich übers Internet verläuft.

Weder haben diese einen Menschen zum Kuscheln oder zum Reden unter 4 Augen.

Aber als „Ersatzbefriedigung" tut es eben auch häufig der Austausch per Internet.

Diese müssen deshalb nicht psychisch kränker sein als solche, die regelmäßig ihre Kontakte im „nicht-virtuellen" Leben pflegen.

Aber wer weiß: Vielleicht gibt es sogar dazu Studien.

Der innere Drang treibt uns eben dazu, Aufmerksam zu bekommen und von seiner Umwelt wahrgenommen zu werden.

Wie er nun befriedigt wird, ob durch virtuelle oder „nicht-virtuelle" Kommunikation ist dem „Aufmerksamkeitstrieb" somit letztlich egal, wenngleich ich nicht abstreiten will, dass man oftmals deshalb mit Menschen in Kontakt tritt, um sekundär beispielsweise einen Sexualpartner zu finden.

In dem Moment, in welchem ich mich mit anderen per Internet oder Telefon austausche, fühle ich mich sofort weniger einsam, worunter die Psyche ja teilweise enorm leiden kann.

Kein Wunder also, dass Facebook und Co so erfolgreich wurden.

7 Die menschlichen Bedürfnisse: Folge von physiologischen Bedürfnissen, des Bedürfnisses nach Selbstreplikation und Folge des Aufmerksamkeitstriebs

Einteilung nach Maslow

Die menschlichen Bedürfnisse bilden die „Stufen" der Pyramide und bauen dieser *eindimensionalen* Theorie gemäß aufeinander auf. Der Mensch versucht demnach, zuerst die Bedürfnisse der niedrigsten Stufe zu befriedigen, bevor die nächste Stufe zum neuen Bedürfnis in Angriff genommen wird. Solange ein Bedürfnis einer niedrigeren Stufe nicht erfüllt ist, ist ein Bedürfnis einer höheren Stufe prinzipiell noch nicht vorhanden. Erst das inzwischen befriedigte Bedürfnis erhöht die Motivation, ein weiteres zu befriedigen.

Maslow gilt als der wichtigste Gründervater der humanistischen Psychologie, die eine Psychologie seelischer Gesundheit anstrebte und die menschliche Selbstverwirklichung untersuchte. Sein Gesamtwerk war natürlich weitreichender als das hier dargestellte Modell, obwohl diese einfache Darstellung ihn sehr bekannt gemacht hat.

Beispiele für die 5 Stufen der Pyramide

1. *Körperliche Existenzbedürfnisse*: Atmung, Schlaf, Nahrung, Wärme, Gesundheit, Wohnraum, Kleidung, Sexualität, Bewegung

2. *Sicherheit*: Recht und Ordnung, Schutz vor Gefahren, festes Einkommen, Absicherung, Unterkunft

3. *Soziale Bedürfnisse (Anschlussmotiv)*: Familie, Freundeskreis, Partnerschaft, Liebe, Intimität, Kommunikation

4. *Anerkennungsbedürfnisse*: Höhere Wertschätzung durch Status, Respekt, Anerkennung (Auszeichnungen, Lob), Wohlstand, Geld, Einfluss, private und berufliche Erfolge, mentale und körperliche Stärke

5. *Selbstverwirklichung*: Individualität, Talententfaltung, Perfektion, Erleuchtung, Selbstverbesserung

Defizitbedürfnisse und unstillbare Bedürfnisse

Die unteren drei Stufen in der Pyramide (und auch Teile der vierten) nennt man auch *Defizitbedürfnisse*. Diese Bedürfnisse müssen befriedigt sein, damit man zufrieden ist, aber wenn sie erfüllt sind, hat man keine weitere *Motivation* diese zu befriedigen (wenn man nicht mehr durstig ist, versucht man beispielsweise nicht mehr zu trinken). Siehe dazu auch das *Erste Gossensche Gesetz*.

Unstillbare Bedürfnisse können demgegenüber nie wirklich befriedigt werden. Diese treten auf der fünften Stufe auf, teilweise aber auch schon auf der vierten.

Beispiele:

- Ein Maler zeichnet zur Selbstverwirklichung; sein Bedürfnis nach Kreativität ist nicht nach einer bestimmten Anzahl Bildern gestillt.

105

- Ein Individuum hat Erfolg gehabt und möchte diesen Erfolg immer wieder übertreffen.

Für die prinzipielle Darstellung von Bedürfnissen in der *Verkaufspsychologie* wird das Modell von Maslow heute noch häufig verwendet.

(A.H. Maslow, 1943)

Selbstverwirlichung

Individualbedürfnisse

Soziale Bedürfnisse

Sicherheit

Physiologische Bedürfnisse

Aus meiner Sicht sind allerdings die beschriebenen Bedürfnisse letztlich Folge von physiologischen Bedürfnissen, dem Bedürfnis sich fortzupflanzen b.z.w. sich zu replizieren und/oder Folge des Aufmerksamkeitstriebs.
Diese Urtriebe sind folglich die Grundmotivatoren allen Handelns

Man braucht sicheres Einkommen eben, um seine physiologischen Grundbedürfnisse wie Nahrungstrieb oder nach einem sicheren Platz zum Schlafen befriedigen zu können.
Sexualität ist wie gesagt Folge des Urbedürfnisses nach Selbstreplikation (Verfielfältigung der DNA) und kann eben zugunsten des

Aufmerksamkeitstriebs bis zu einem gewissen Grad unterdrückt werden. Außerdem kann ja auch das eigene Gedankengut an die nächste Generation weitergegeben werden, so dass man sich eben zum Beispiel auch durch schriftstellerische Tätigkeit „replizieren" kann.

Soziale Bedürfnisse sind Folge des Kommunikationsbedürfnisses und somit Folge des Aufmerksamkeitstriebs.

Individualbedürfnisse wie Anerkennungsbedürfnis resultieren ebenfalls aus dem Aufmerksamkeitstrieb.

Bin ich beispielsweise in meinem Beruf anerkannt, bekomme ich auch entsprechende (zumeist positive) Aufmerksamkeit.

Sich selber zu verwirklichen bedeutet ebenfalls, sein eigenes Potential auszuschöpfen und sich somit in diesem Bereich von anderen abzuheben.

Dies kann in vielen Fällen wiederum zur Befriedigung des Aufmerksamkeitstriebs beitragen.

Und sogar mancher angeblich spirituell Erleuchteter wie Sri Chin Moi (doch dazu später mehr) zog es vor, seine Erfahrungen den Mitmenschen mitzuteilen anstatt in seinem erleuchteten Zustand zu verweilen.

Damit die Psyche des Menschen „einigermaßen funktioniert" ist der Befriedigung des Aufmerksamkeitstriebs somit eine fundamentale Bedeutung beizumessen.

Alles Streben des Menschen außerhalb der physiologischen Bedürfnisse zielt auf den Erhalt von Aufmerksamkeit ab

Meine Theorie:

107

Alles Streben, das von der Befriedigung der rein physiologischen Bedürfnisse abweicht, zielt darauf ab, von seinen Mitmenschen (und sei es auch erst nach dem Tode) Beachtung zu finden.

(Das Bedürfnis nach Sexualität ist dabei nicht allein einem körperlichen Bedürfnis zuzuordnen).

Schriftsteller schotten sich eine gewisse Zeit von ihrer Umwelt ab, um dann später umsomehr Aufmerksamkeit von ihren Mitmenschen zu erlangen.

Übrigens wollten wohl auch Misanthropen (Menschenhasser) wie Friedrich Nietzsche oder Arthur Schopenhauer die Beachtung ihrer Mitmenschen, obwohl sie ja auf eine gewisse Art und Weise wenig von diesen hielten, sonst hätten sie ihrer Werke kaum der Öffentlichkeit zur Verfügung gestellt.

Deshalb strebt man nach Popularität (obwohl es dann schwierig sein kann überhaupt noch ein Privatleben zu haben und unerkannt zu bleiben), man strebt nach Macht, denn auf den „Mächtigen" muss man hören, da man sonst mit Nachteilen rechnen muss.

Man strebt nicht nach Reichtum nur um des Reichtums willen. Wenn man erst viele teure Autos fährt, in vielen lebenswerten Gegenden ein Haus besitzt, werden einem weitere ähnliche Konsumgüter kaum mehr zusätzlich erfreuen.

Letztlich ist häufig durch Reichtum auch die Befriedigung des Aufmerksamkeitstriebs besser möglich.

Vielleicht ist es auch deshalb so schön, verliebt zu sein, weil man ständig an jemand denkt, der einem selbst ein hohes Maß an Aufmerksamkeit schenkt.

Vielleicht kann man auch so Mutterglück erklären: man bekommt von seinem Kind oft viel Aufmerksamkeit und beachtet dieses oft genauso.

Man mag nun meine Thesen anzweifeln.

Aber um es mit den Worten der Philosophen zu sagen:

,,Wahr ist, was nicht falsifizierbar ist".

Und meine These lautet: Ein Mensch, dessen Aufmerksamkeitstrieb nicht bis zu einem gewissen Grad befriedigt wird, wird ,,psychisch leiden".

Vielleicht braucht der eine mehr Aufmerksamkeit als ein anderer und doch braucht sie jeder Mensch: Individuelle Aufmerksamkeit oder die Wertschätzung seiner besonderen Eigenheiten, die seine Person ausmachen.

8 Der Mensch will tiefer-gehende Aufmerksamkeit um seiner selbst willen

Ich denke trotzdem, dass oberflächliche Aufmerksamkeit allein eher wenig befriedigt.

Bekommen Seite 1-Models (der Bildzeitung) durch Nacktheit für eine gewisse Zeit von mehreren Menschen oberflächliche Aufmerksamkeit (gut Geld kriegen sie auch) kann dies sicherlich kurzzeitig zu einem positiven psychischen Gefühl führen, aber ich denke dass dies nicht lange anhält.

Auch litt wohl eine Marilyn Monroe auf eine gewisse Art und Weise darunter, hauptsächlich aufgrund ihrer Optik Aufmerksamkeit von der breiten Öffentlichkeit und vor allem von Männern bekommen zu haben. Hätte es ihr psychisch so gut gegangen, hätte sie wohl kaum so häufig zu Tabletten gegriffen.

Sie wollte eben mit all ihren Stärken und Schwächen angenommen werden.

Scheinbar konnte ihr auch kein Mann die Art von Liebe geben, die sie tiefgreifend befriedigt hätte.

Als David Hasselhoff bei einer Videoaufnahme in seinem recht angetrunkenen Zustand von seiner Tochter gefragt wurde, warum er so viel trinke, antwortete der von Millionen gekannte ehemalige Superstar, weil er sich einsam fühle.

Ein weiterer Beleg dafür, dass die Psyche des Menschen mehr braucht als oberflächlichen Ruhm.

Vielmehr erhofft man sich, von irgendjemand tiefgreifender verstanden und akzeptiert zu werden.

Man kann allerdings nur von jemand tiefgreifender verstanden werden, der einem auch besondere Aufmerksamkeit schenkt und sich empathisch in einen einfühlen kann.

Eine Aufmerksamkeit, die nur darauf abzielt, den Körper des anderen zu erkunden, kann natürlich kaum ein tiefgreifendes psychisches Bedürfnis stillen.

Ich denke der Mensch möchte in seiner Ganzheit wahrgenommen werden, durchaus auch einer breiten Öffentlichkeit seine Talente beweisen und doch hegt er auch den tiefen Wunsch, seine schwache Seite jemandem zu offenbaren.

Mag sein, dass jemand, der wirklich einen ,,Seelenverwandten" gefunden hat, trotzdem weiter gerne berühmt bleibt, um weiter seinen Aufmerksamkeitstrieb zu befriedigen, doch bin ich der Überzeugung, dass es für die Psyche des Menschen besser ist, von einem Menschen tiefgreifend verstanden und akzeptiert als von Millionen von Menschen nur oberflächlich angehimmelt zu werden.

Michael Jackson ist ein weiteres Beispiel einer tragischen Figur, der zwar von Millionen bewundert und verehrt wurde, aber in seinem tiefsten inneren ein einsamer und unverstandener Mensch blieb und wohl auch seinen Konflikt mit seinem Vater scheinbar nie ganz überwand.

Warum Verachtung so schlimm ist

Verachtung ist eine starke gefühlsmäßige Geringschätzung, basierend auf der Überzeugung des Unwertes der von ihr betroffenen Personen oder Institutionen. Nach Meyers Enzyklopädie von 1905 ist „Verachtung, das Gefühl, das der Voraussetzung persönlichen Unwertes bei sich selbst (Selbstverachtung) oder bei anderen (Verachtung anderer) entstammt".

Das Wort *verachten* stammt vom mittelhochdeutschen *verahten*.

Die Redewendung „jemanden mit Verachtung strafen" will besagen, dass man jemanden bewusst ignoriert, ihn absichtlich nicht beachtet.

Die Redewendung impliziert folglich, dass man jemand stark damit bestrafen kann, wenn man ihm die Aufmerksamkeit entzieht.

Das Gegenüber fühlt sich dann in seiner Wertigkeit herabgesetzt, was natürlich für die meisten als unschön empfunden wird, denn nur durch den anderen ist man überhaupt jemand b.z.w . man wird nur durch den anderen oder die anderen definiert.

Menschenwürde bei Kant

Der Philosoph Immanuel Kant meinte wohl auch deshalb: ,,Der Mensch als „Zweck an sich" darf nie nur „Mittel zum Zweck" sein. Kant hat in seiner

Grundlegung zur Metaphysik der Sitten 1785 die Achtungswürdigkeit und die Menschenwürde an sich im weitesten Sinne definiert. Das Grundprinzip der Menschenwürde besteht für ihn in der

- Achtung des Anderen
- der Anerkenntnis seines Rechts zu existieren und
- in der Anerkenntnis einer prinzipiellen Gleichwertigkeit aller Menschen.

Kant geht davon aus, dass der Mensch ein *Zweck an sich* sei und deshalb nicht einem ihm fremden Zweck unterworfen werden darf. Das heißt: Die Menschenwürde wird verletzt, wenn ein Mensch einen anderen bloß als Mittel für seine eigenen Zwecke benutzt – etwa durch Sklaverei, Unterdrückung oder Betrug:

„Die Wesen, deren Dasein zwar nicht auf unserem Willen, sondern der Natur beruht, haben dennoch, wenn sie vernunftlose Wesen sind, nur einen relativen Werth, als Mittel, und heißen daher Sachen, dagegen vernünftige Wesen Personen genannt werden, weil ihre Natur sie schon als Zwecke an sich selbst, d. h. als etwas, das nicht bloß als Mittel gebraucht werden darf, auszeichnet, mithin so fern alle Willkür einschränkt (und ein Gegenstand der Achtung ist)."

Die Ansichten Kants finden sich heute in der Objektformel wieder, mit der eine Verletzung der Menschenwürde verfassungsrechtlich bestimmt wird.

Tatsächlich ist es so, dass kein Mensch gerne nur Mittel zum Zweck ist, doch ist dies in der Arbeitswelt und wohl auch in vielen zwischenmenschlichen Beziehungen dann doch oft der Fall.

Ich könnte mir zum Beispiel vorstellen, dass so mancher eine Beziehung mit jemand eingeht, weil er beispielsweise finanziell davon profitiert oder es anderweitig bequem dadurch hat.

112

Oftmals geht dann zumindest ein Partner einer solchen „Zweckgemeinschaft" früher oder später fremd, sofern sich die Gelegenheit bietet.

Ich könnte mir z.B. vorstellen, dass Königin Sylvia ihren Gatten vor allem aus Statusgründen heiratete.

Carl Gustav soll ihr intellektuell unterlegen sein und so passte dann wohl auch das Liebesleben nicht mehr so, so dass er sich eine Geliebte suchte.

Auch ist Arnold Schwarzenegger die Beziehung zu Maria Shriver vielleicht auch aufgrund ihrer Herkunft mit ihr eingegangen, zumindest hat sie ihm in Bezug auf die Karriere wohl eher genutzt als geschadet.

Er wollte sie womöglich weniger als Frau denn als Karriereförderin und so betrog er sie mit der Hausangestellten und zeugte mit dieser ein Kind.

Noch viele andere Beispiele würden mir einfallen.

Der Mensch möchte eben als eigenständiges, wertvolles Subjekt wahrgenommen werden, was auch impliziert, dass man ihn um seiner selbst Willen achtet, Aufmerksamkeit schenkt und auch seine Wünsche respektiert.

Doch ob dies überhaupt oft der Fall ist, sei einmal dahingestellt.

Sollten wir alle in erster Linie „triebgesteuerte" Wesen sein, die ihre Bedürfnisse befriedigen wollen, würden wir uns ja vom anderen meist auch eine Bedürfnisbefriedigung erwarten.

Auch möchte ich keineswegs unterstellen, dass man ständig in opportunistischer Weise miteinander in Verbindung tritt.

Wenn mich beispielsweise jemand nach dem Weg fragt und ich ihm bereitwillig Auskunft gebe, erwarte ich mir ja im Normalfall keine Gegenleistung. Andererseits wird in dem Moment, in welchem jemand von mir die Information haben möchte, mein Aufmerksamkeitstrieb befriedigt, da ich für jemand anderen nützlich bin.

Meine Erfahrung ist aber auch wie folgt: Beziehungen funktionieren nur dann, wenn sich die Beziehungspartner irgendwie gegenseitig nützlich sind.

Soll heißen, der eine erwartet sich direkt oder indirekt vom anderen Befriedigung eines Bedürfnisse.

Diese können teilweise auch unterschiedlich sein.

Er bringt beispielsweise das Geld nach Hause, sie macht den Haushalt.

Es gäbe wohl noch zahlreiche andere Beispiele.

Und letztlich geht es darum, dass jeder irgendwie mit seiner Rolle zufrieden ist. Ansonsten kommt es häufig zur Trennung.

Der Mensch will eher Aufmerksamkeit bekommen als welche zu geben

Ich habe in meinem Leben (auch bedingt durch meine Außendiensttätigkeit) wohl schon mit mehreren Tausend Menschen kommuniziert.

Und meine Erfahrung ist, dass man sich durchschnittlich dann beim Gegenüber sympathisch macht, wenn man ihm zuhört, ja sich für ihn interessiert, wie auch Dale Carnegie in seinem Buch beschreibt.

Reden erscheint oftmals angenehmer als das Zuhören.

Man hört dem anderen vielleicht dann bereitwillig zu, wenn es einen persönlich interessiert und man das Gefühl hat, neue Erkenntnisse über etwas zu erhalten.

Nichtsdestotrotz erleben es viele Menschen als höchst befriedigend, wenn man ihnen aufmerksam zuhört und ernsthaftes, positives Interesse signalisiert.

Ich persönlich habe es kaum anders erlebt und somit bin ich der Überzeugung, dass wir zunächst einmal gerne die Aufmerksamkeit des anderen für uns beanspruchen (wie bereits dargelegt handelt es sich dabei ja um eine knappe psychische Ressource).

Dahinter steckt natürlich auch der Wunsch als besondere Existenz wahrgenommen zu werden.

Übrigens finde ich es bei Talkshows immer recht interessant, wie schwer es den zumeist prominenten Gästen fällt, den anderen nicht ins Wort zu fallen.

Oft hört man dann Sätze wie: ,,Jetzt lassen Sie mich doch mal ausreden, ich habe ihnen ja auch die ganze Zeit zugehört."

Gut: Die Leute sind ja auch deshalb eingeladen, um ihre Position zu vertreten.

Wie man die Sympathie des anderen gewinnt

Aber muss man tatsächlich alles bis ins letzte biologisch oder psychoanalytisch begründen, wenn uns doch das alltägliche Leben lehrt, wie der Mensch so tickt?

Christian Sander schreibt beispielsweise selbst in seinem recht erfolgreichen Report ,,Mann erobern", dass man die Sympathie seines Gegenübers vor allem durch eines gewinnt:

Aktives Zuhören, oder anders ausgedrückt durch Empathie.

Der Mensch möchte vor allem eines: Dass sich andere für ihn interessieren und an seinem Leben teilhaben.

So hat er das Gefühl, in der Gesellschaft aufgehoben zu sein.

Dale Carnegie beschreibt in seinem Buch ,,Wie man Freunde gewinnt" Ähnliches:

Seine Tipps, um sich bei seinem Gegenüber beliebt zu machen, lauten wie folgt:

- über die Interessen, Hobbies und Ansichten des Gesprächspartners zu reden, statt über die eigenen
- zu fragen und zuzuhören, statt selbst zu reden
- zu lächeln
- Menschen mit Namen anzusprechen
- Menschen zu loben

Selbst Seneca hat schon erkannt, dass man vor allem durch Interesse am Gegenüber dessen Sympathie gewinnt.

Durch aktives Zuhören wird der Aufmerksamkeitstrieb in besonderem Maße befriedigt.

Übrigens soll Casanova in ähnlicher Weise viele Frauen erobert haben.

Wie man beim anderen Geschlecht punktet

„Hallo mein Schatz, ich liebe Dich, Du bist die einzige für mich. Die anderen finde ich alle doof. Deswegen mach ich Dir den Hof. Du bist so anders, ganz speziell, ich merke so was immer schnell. Jetzt zieh dich aus und leg Dich hin, weil ich ja so verliebt in Dich bin.."

Mit diesen Sätzen beginnt das recht erfolgreiche Lied der Ärzte, das die Schmeicheleien der Männer, die Sex wollen, durch den Kakao ziehen soll.

Nichtsdestotrotz scheinen derartige Komplimente nach wie vor durchaus effektiv dabei zu sein, um letztlich das zu bekommen, was man will.

Wer vermitteln kann, das Gegenüber sei etwas Besonderes, gewinnt dadurch oft die Sympathie des Anderen.

Auch wenn die Komplimente vielleicht manchmal nicht ganz so ernst gemeint sind, tragen sie doch zur Befriedigung des Aufmerksamkeitstriebs und somit zur Erzeugung eines positiven Gefühls bei. Es soll zwar bekanntlich auch viele Frauen geben, die auf „Arschlöcher", also Männer, die nicht gerade nett zu Frauen sind, stehen.

Wenn dies allerdings dann soweit geht, dass sich Frauen von Männern schlagen oder beleidigen lassen, ist das Erdulden solcher Verhaltensweisen eher als „krankhaft" zu bezeichnen.

Warum es schön ist, verliebt zu sein und geliebt zu werden

Der Psychologe, Professor Dr. Ulrich Mees, am Institut zur Erforschung von Mensch-Umwelt-Beziehungen in Oldenburg, beschäftigte sich mit der Frage: „Was meinen wir, wenn wir von Liebe - genauer: der Liebe zum Partner - reden?"

Zunächst wurde ein Satz von 30 Merkmalen ermittelt, für die es theoretisch begründete Hinweise (die hier aus Platzgründen nicht näher erläutert werden können) gibt, dass sie Bestimmungsstücke der Liebe zum Partner sein könnten. Einige Beispiele für diese Merkmale (die bestimmte Gedanken, Gefühle bzw. Handlungen beschreiben): Wer seinen Partner liebt, denkt oft an ihn, sehnt sich bei längerem Getrenntsein nach ihm, achtet bzw. schätzt ihn, ist zärtlich zu ihm, hat volles Vertrauen zu ihm und freut sich über das Zusammensein mit ihm bzw. fühlt sich in seiner Gegenwart wohl (usw.).

Auch wenn Verliebtheit und Liebe nicht das Gleiche ist, denkt man in beiden Fällen viel über den Partner nach.

Es fällt einem sogar schwer, es nicht zu tun.

Beim Verliebtsein ist einem das Objekt der Begierde oftmals noch bis zu einem gewissen Grad fremd, bei der Liebe zählen dann wohl Merkmale wie gegenseitiges Verstehen und Vertrauen mehr.

Verliebtsein und Liebe widerspricht sich also auch auf eine gewisse Art und Weise.

In beiden Fällen erhält man vom Partner ein hohes Maß an Aufmerksamkeit, welches außerdem mit positiven Zusatzkomponenten wie der Austausch von Zärtlichkeiten oder auch das Bemühen, dem anderen kein psychisches oder körperliches Leid zuzufügen, besetzt ist.

Je besser man sich von jemandem verstanden fühlt, desto sympathischer findet man ihn ja auch oft.

Dies geht dann oft in das Gefühl ,,Liebe" über.

Man versteht sich auf Dauer wohl auch um so besser, je ähnlicher man einander ist.

Folglich spielt bei der Liebe für längere Zeit auch eine ,,Ähnlichkeitskomponente" (vor allem auch hinsichtlich der Intelligenz) eine wichtige Rolle.

Körperlich hingegen ziehen sich allerdings zumeist gewisse Gegensätze (zumindest bei den Heterosexuellen) an.

Letztlich beruht Liebe auch darauf, von jemandem verstanden zu werden, so dass man ihm vertrauen kann.

Dies alles kann nur dann passieren, wenn man sich gegenseitig besondere Aufmerksamkeit geschenkt hat und schenkt.

118

Somit ist Liebe Ausdruck oder Folge eines Austausches besonderer Aufmerksamkeit.

Ich schenke dem Aufmerksamkeit, den ich liebe. Wenn ich geliebt werde, bekomme ich gleichzeitig ein hohes Maß an Aufmerksamkeit.

Schenke ich jemandem längere Zeit viel Aufmerksamkeit interpretiere ich dies oft (nicht immer da, man ja auch einem Menschen, den man hasst, intensiv beachtet) als Liebe.

Freilich ist oft zunächst die körperliche Anziehung da, die einem dazu verhilft, dass ein anderer sich für einen interessiert.

Und natürlich kann es sein, dass ich mich mit jemand per Internet oder am Telefon gut verstehe, dann aber enttäuscht über sein Äußeres bin, so dass der Kontakt auch bald wieder abbricht.

Doch eigentlich ist dies ja schade, da man nicht alle Tage jemand findet, mit dem man sich gut versteht.

Körperliche Anziehung beruht aber eben auch auf „Oberflächlichkeiten" und da der Mensch „von Natur aus" auch sexuell orientiert ist, sollte dies nicht weiter verstimmen.

Zum Teil sind wir den Tieren, die auf Schlüsselreize reagieren, eben wieder recht ähnlich, aber oft funktionieren ja auch Beziehungen zwischen einem attraktiven und weniger attraktiven Partner.

Doch ist es für das psychisches Wohlbefinden auch besser, mit einem Partner, mit dem man sich versteht, Zeit zu verbringen, als mit jemand, den man zwar körperlich anziehend findet, aber beispielsweise häufig streitet.

9 Aufmerksamkeitstrieb und Spiritualität

Nun gibt es angeblich verwirklichte spirituelle Meister wie Sri Chinmoy (ein Hinduist), die das höchste spirituelle Bewusstsein, auch Samadhi oder genauer gesagt das Sahaja Samadi genannt, erreicht haben sollen.

In diesem Samadhi soll man im höchsten Bewusstsein handeln, doch zugleich handelt man in der groben physischen Welt.

Es scheint folglich auch in diesem erleuchteten Zustand notwendig, mit der irdischen Welt zu kommunizieren und letzten Endes wiederum seinen Aufmerksamkeitstrieb zu befriedigen.

Sri Chinmoy hat ja nun angeblich auch Bewusstseinszustände wie das Nirvikalpa Samadhi erreicht.

Sobald man dies erreicht hat, will man laut spiritueller Lehre nicht mehr in die Welt zurückkommen.

Und so wird auch gelehrt, dass so mancher spiritueller Meister in der Vergangenheit diesen erstrebenswerten Bewusstseinszustand erreichte und nicht mehr auf die Welt herunterkam.

Tja wie will man das im Einzelfall nun widerlegen.

Bei Sri Chinmoy wollte ,,der Supreme" (sozusagen der Gott Sri Chinmoys) aber anscheinend, dass er auf der Erde weiter wirkt".

So kann man diesem den besagten Bewusstseinszustand zwar von außen nicht erkennen, aber laut eigener Aussage hat er ihn erreicht.

Ich erkläre das ganze Handeln und Walten Sri Chinmoys und anderer spiritueller Großmeister auf Erden wiederum anders:

Obgleich sie die erstrebenswerten spirituellen Bewusstseinszustände vielleicht sogar erlangt haben (kann man hirnphysiologisch vielleicht auch schlecht nachprüfen), scheint trotzdem der Aufmerksamkeitstrieb erhalten geblieben zu sein.

Ohne Zweifel wird dieser auch besser befriedigt, wenn man weiter auf der Erde seine Lehren verbreitet als diese zu verlassen.

Wäre der „Zustand der Erleuchtung" der erstrebenswerteste Zustand überhaupt, hätte Sri Chinmoy wohl kaum mehr das Bedürfnis gehabt, weiter auf der Erde zu walten.

Aufmerksamkeitstrieb oder der tiefe unbewusste Drang „Einszusein"?

Wie bereits dargelegt, hat jeder Mensch den Drang, Aufmerksamkeit von seinen Mitmenschen zu erlangen; sich mitzuteilen und somit Kommunikation zu betreiben.

Nur bleibt mit dieser Feststellung die Frage offen, warum es diesen Drang gibt.

Genauso wie man weder einen Gott beweisen noch widerlegen kann, ist letztlich erklärbar, warum es überhaupt etwas gibt (die Urknalltheorie ist und bleibt ja auch nur eine Theorie).

Religionen können einem im Endeffekt ebenfalls nur unbefriedigende Erklärungen geben.

Deshalb gibt es ja so viele unterschiedliche religiöse Strömungen, die mit Sicherheit ebenso viel Schaden wie Nutzen brachten.

Daher möchte ich gerne an dieser Stelle noch kurz auf die sehr ursprüngliche chinesische Weisheitslehre, den Taoismus, eingehen und ein „spirituell angehauchtes Erklärungsmodell" für den Aufmerksamkeitstrieb des Menschen liefern:

Alle taoistischen Schriften und Allegorien betonen die Einheit jeglicher Schöpfung.

Die Menschheit und alle Lebewesen seien bruchstückhafte Manifestationen des Ganzen. In der Welt der Erscheinungen scheinen sie zu getrennter Existenz zu führen, aber das sei eine Illusion.

In Wirklichkeit sind sie Glieder oder Organe eines Körpers, so wie jeder scheinbar getrennte Körper seinerseits aus verschiedenen Teilen besteht.

Im vollkommenen, ursprünglichen Zustand gab es eine Bruderschaft zwischen allen Dingen.

Der Tradition nach war das so in früheren Zeiten, im Goldenen Zeitalter, man könnte es mit dem Paradies aus der Bibel vergleichen, als Tiere und Menschen dieselbe Sprache hatten.

Es sei ein Merkmal des Weisen, dass er diesen Zustand wiedererlangen und auf natürliche Weise mit allem Lebenden kommunizieren kann.

Je mehr ein Mensch integriert ist, um so weniger getrennt ist er (das heißt nicht, dass er mit der Herde läuft, sondern dass er sich eins mit dem Leben fühlt, und um so mehr erkennt er die Wechselbeziehungen und gegenseitige Durchdringung allen Lebens). Ein Mensch, der sich hingegen abgetrennt fühlt, und sich uneins mit dem Rest fühlt, wird demnach psychisch krank und wird schließlich zum Psychotiker.

Chuang-tzu (daoistischer Heiliger) sagt: „Es ist die Erhabenheit des Menschen, zu wissen, dass alle Dinge eins und Leben und Tod nur Phasen ein und derselben Existenz sind. Das Leben folgt auf den Tod. Der Tod ist der Anfang des Lebens. Alle Dinge sind eins.

122

Nur die wahrhaft Klugen kennen die Einheit der Dinge. Darum setzen sie keine Unterscheidungen, sondern folgen dem Allgemeinen und Gewöhnlichen. Wenn sie der allgemeinen Natur des Ganzen folgen, sind sie glücklich.

Wenn sie glücklich sind, sind sie der Vollkommenheit nahe.

Der Sturz aus der ursprünglichen Vollkommenheit besteht für den Taoisten demnach darin, das Getrennte zu setzen. Mit der Zerstörung des Tao traten persönliche Vorlieben auf.

Kann man nun beweisen, dass wir im tiefsten inneren ein Einheitsgefühl anstreben?

Was kann man schon bis ins kleinste Detail beweisen?

Sicherlich finden wir es schön, wenn uns jemand zuhört, ja uns Aufmerksamkeit schenkt, da dieser dann doch irgendwie Teil von unserem Leben wird.

Wenn uns jemand etwas mitteilt, bleiben diese Gedanken in unserem Kopf, im Normalfall wird man sie auch niemals wieder komplett vergessen, man kann sie höchstens verdrängen, beiseite schieben, aber doch werden wir das Gehörte, ob bewusst oder unbewusst, bei unseren weiteren Denkvorgängen berücksichtigen.

Hinter dem Aufmerksamkeitstrieb oder Kommunikationstrieb steckt aus meiner Sicht der Drang mit anderen verbunden zu sein, also Teil des ganzen zu sein. Das Gefühl der Trennung ist sicherlich nicht schön und Psychosen, die nicht nach Drogeneinnahmen passieren, resultieren sicherlich oftmals aus dem Gefühl des Abgespaltenseins. (Einen näheren Beweis oder Beleg kann ich natürlich nicht anführen).

Möchte jemand nur über sich selber reden, kommt das auf Dauer beim Gegenüber nicht gut an.

123

Man hat dann das Gefühl, eben dieser interessiere sich nur für sich selbst.

Dabei hat doch jeder seine eigene Last zu tragen.

Wenn ich mich schon mit den Angelegenheiten des anderen beschäftigen soll, sollte dieser das wohl auch mit den meinen tun.

Es geht folglich auch um Gleichberechtigung und Gleichwertigkeit.

Ist jemand in einer machtvollen Position wie der Präsident der Vereinigten Staaten, bekommt dieser im Normalfall auch jede Menge Aufmerksamkeit, genauso wie Prominente oder andere „bedeutende Persönlichkeiten", die auch heute noch in den Geschichtsbüchern erwähnt werden. Sicherlich kann es den Prominenten auch irgendwann zu viel werden und doch scheint der Drang nach Popularität überwogen zu haben, denn im Normalfall ist man sich ja auch bewusst, dass man als Politiker, Prominenter u.s.w in der Öffentlichkeit steht und somit von vielen anderen Menschen ge – und erkannt werden.

Inwiefern derjenige sich dann tatsächlich als Teil des Ganzen sieht, mag individuell verschieden sein, doch tatsächlich bin ich der Überzeugung, dass dem Machttrieb letztlich der Aufmerksamkeitstrieb zugrunde liegt, der dem tiefen Bedürfnis nach Einssein entspringt.

Den meisten ists wohl nicht bewusst, das ist das Los des Menschen der Moderne, bzw. des Menschen der letzten Tausenden von Jahren.

Als man noch im Tao lebte, hatte man sicherlich nicht so viele psychische Leiden wie man sie heute antrifft, doch wird man wohl auch nicht ganz begreifen, warum sich der Mensch aus dem paradiesischen Zustands des Taos, wenn es ihn denn tatsächlich gab, entfernte.

Der Verstand scheint Fluch und Segen zugleich zu sein.

124

Wer anderen geistig überlegen ist, kann sie zwar bis zu einem gewissen Grad beherrschen und doch lebt er nicht mehr einfach so in den Tag hinein wie ein Kleinkind, nicht so allein vom Instinkt gesteuert wie ein Tier.

Der Mensch ist eben mehr als nur vom Instinkt gesteuert, er besitzt die sogenannte „ratio", die Vernunft, und so entspricht es eben seiner Natur Fragen zu stellen, nachzudenken, Dinge begreifen zu wollen, genauso wie sich ganz einfach mal der Muße oder seinen Instinkten b.z.w. niederen Trieben hinzugeben.

Keiner hat das Recht, sich über den anderen hinsichtlich der Wertigkeit zu stellen.

Allerdings bin ich auch der Überzeugung, dass extremes Machtstreben bzw. der Drang, andere zu beherrschen, oftmals daraus resultiert, dass man früher selbst herabgewürdigt oder vernachlässigt wurde.

(Dass natürlich der eine besser für Führungspositionen geeignet ist als ein anderer und somit diese Rolle auch einnehmen sollte, ist nochmals eine andere Geschichte, die natürlich auch Folge des Drangs nach Selbstverwirklichung ist).

Viele talentierte, berühmte oder intelligente Persönlichkeiten hatten es in ihrer Kindheit nicht leicht und schafften sich durch größere Intelligenz und Disziplin ein Ventil.

Oprah Winfrey, Gerhard Schröder, Albert Camus oder Jean Paul Sartre sind nur ein paar wenige Beispiele.

Kein Mensch ist mehr wert als der andere, man hat eben nur unterschiedliche Fähigkeiten und Fertigkeiten. Der Mensch bedarf des andren Menschen, nicht nur weil man gemeinsam stärker ist, sondern weil alle nur Teil des Ganzen sind.

125

Manch einer fühlt dieses Einssein sogar häufiger allein in der Natur als in der Masse des Menschen.

Denn obgleich der Mensch auch ein soziales Wesen ist, das nach Gesellschaft strebt, ist er oftmals auch gelenkt von seiner eigenen Egozentrik, und sobald man jemand als Konkurrenten in irgendeiner Weise betrachtet (sei es am Arbeitsplatz oder als Nebenbuhler) wird man sich in den seltensten Fällen mit diesem noch vertragen.

Geht man hingegen in die Natur, kann man sich an Pflanzen, Bäumen oder Vogelgezwitscher erfreuen ohne etwas dafür tun zu müssen.

Für mich gibt es daher kaum etwas Erholsameres als einen Spaziergang in der Natur.

Schlusswort

Will der Mensch nun Aufmerksamkeit um der Aufmerksamkeit willen oder will er über die Aufmerksamkeit letztlich doch wieder etwas anderes erreichen?

Mehr Geld, mehr Sex, neue Informationen bekommen und geben, beherrschen, Gemeinschaftsgefühl erleben?

Der Aufmerksamkeitstrieb will meiner Meinung nach für sich selbst befriedigt werden, wenngleich der Mensch wohl nach tiefergehender Aufmerksamkeit strebt.

Ich bezeichne den Aufmerksamkeitstrieb deshalb auch als den eigentlichen Urtrieb, der beispielsweise dem Zärtlichkeitsbedürfnis, dem Sexualtrieb oder „Kommunikationstrieb" zugrunde liegt.

Der Aufmerksamkeitstrieb macht sich schon beim Baby bemerkbar, über das Schreien kann es quasi mit seiner Umwelt kommunizieren.

Dieses Urprinzip findet sich im Gegensatz zur Sexualität bei sämtlichen Lebewesen (wie bereits dargelegt kommunizieren bereits Bakterien miteinander) und so ist auch der Mensch von diesem Urprinzip gelenkt.

Ob es nun letztlich das Bedürfnis ist, dass auf einen selbst reagiert wird, oder eben dass man etwas von der knappen psychischen Ressource Aufmerksamkeit bekommt, kann dabei nicht genau auseinandergehalten werden.

Man will sich jedenfalls auch selbst zum Reizobjekt machen, was uns der Aufmerksamkeitstrieb vorgibt.

Das Prinzip aufeinander zu reagieren bzw. miteinander wechselzuwirken findet sich sogar schon zwischen Atomen und innerhalb eines Atoms.

Nur durch dieses Ursprungsprinzip konnte neues entstehen.

Man könnte sogar Sexualität im weitesten Sinne als den Drang sich zu vereinigen, damit neues entstehen kann, verstehen.

Im Gegensatz zum Tier kann der Mensch darüber reflektieren, wenngleich er sich dem Drängen genauso wenig entziehen kann.

Er strebt nach Sexualität, doch ist der Drang nach kultureller Entwicklung oder das Streben nach Gemeinschaftsgefühl mindestens ebenso stark.

Das alles macht den Menschen aus.

Er selbst kann sich zwar die Umwelt zunutze machen und anders begreifen als ein Tier, doch ist er letztlich auch Marionette seiner Umwelt, denn er reagiert auf äußere Reize und wird davon beeinflusst.

Der Mensch kann daher genauso wenig alles planen (auch wenn er sich natürlich Ziele setzen kann) oder frei bestimmen, letztlich tritt er mit seiner Umwelt in Wechselwirkung, wodurch etwas Neues entstehen kann.

Und ob C.G. Jung mit seinen Worten: ,,Ich glaube nicht an einen persönlichen Gott, aber ich kenne eine persönliche Kraft, deren Wirkung kein Widerstand entgegengesetzt werden kann. Ich nenne sie ,,Gott", recht hatte ist auch weder beweisbar noch falsifizierbar.

Sicherlich sind die jetzigen Lebewesen durch ,,evolutionäres Geschehen" selektiert worden.

Auch Existentialisten wie Jean Paul Sartre begreifen das menschliche Dasein als Zufallsprodukt der Evolution ohne tieferen Sinn, die Existenz gehe der Essenz voraus.

Doch wenn es tatsächlich so etwas wie eine ,,Urkraft" oder einen Gott gibt, werden eben solche Mächte/Kräfte nicht durch naturwissenschaftliche Methoden sichtbar gemacht werden können.

Nicht alles wird der Mensch begreifen, für das zwischenmenschliche Zusammenleben reicht es allerdings zumeist schon aus, die Bedürfnisse der anderen Menschen zu kennen und zu respektieren.

Und jeder Mensch strebt eben auch nach tiefer gehender, positiver Aufmerksamkeit, und das ist auch gut so.

Würde dies im Leben öfter berücksichtigt, würde das vielen Menschen sicherlich guttun.

Literaturverzeichnis

Adler, 1908 Über den nervösen Charakter, l. c. und Praxis und Theorie der Individualpsychologie, l. c.

Alfred Adler Studienausgabe. 7 Bände. Herausgegeben von Karl Heinz Witte, Verlag Vandenhoeck & Ruprecht, Göttingen, 2007–2009: Band 1: Persönlichkeit und neurotische Entwicklung – Frühe Schriften (1904–1912). Herausgegeben von Almuth Bruder-Bezzel. ISBN 978-3-525-46051-1 / Band 2: Über den nervösen Charakter (1912). Herausgegeben von Karl Heinz Witte, Almuth Bruder-Bezzel und Rolf Kühn. ISBN 978-3-525-46053-5 / Band 3: Persönlichkeitstheorie, Psychopathologie, Psychotherapie (1913–1937). Herausgegeben von Gisela Eife / Band 4: Menschenkenntnis (1927). Herausgegeben von Jürg Rüedi. ISBN 978-3-525-46052-8 / Band 6: Der Sinn des Lebens (1933). Herausgegeben von Reinhard Brunner. – Religion und Individualpsychologie (1933). Herausgegeben von Ronald Wiegand. ISBN 978-3-525-40554-3 / Band 7: Kultur und Gesellschaft (1897–1937). Herausgegeben von Almuth Bruder-Bezzel. ISBN 978-3-525-46055-9

Alfred Adlers Individualpsychologie. Eine systematische Darstellung seiner Lehre in Auszügen aus seinen Schriften Herausgegeben und bearbeitet von Heinz L. Ansbacher und Rowena R. Ansbacher 1956, Reinhardt Verlag München/Basel 1982

Zur Kritik der Freudschen Sexualtheorie des Seelenlebens 1911

Über den nervösen Charakter (Hauptwerk) 1912, Fischer Taschenbuch 1972

Wozu Leben wir? 1931, Fischer Taschenbuch 1979, ISBN 3596267080

Der Sinn des Lebens 1933, Fischer Taschenbuch, ISBN 3-596-26179-1

Religion und Individualpsychologie, 1933

Scott Atran: . The trouble with memes. Inference versus imitation in cultural creation. Human Nature, 12(4), S. 351 ff. 2001

Bernard, L.L.: Instinct. A study in social psychology. New York: Henry Holt, 1926.

Susan Blackmore: *Die Macht der Meme*, Heidelberg, Berlin: Spektrum Akademischer Verlag, 2000, ISBN 3-8274-1601-9.

Susan Blackmore: *Die Macht der Meme*, Heidelberg, Berlin: Spektrum Akademischer Verlag, 2000, S. 52.

Susan Blackmore: *Die Macht der Meme*, Heidelberg, Berlin: Spektrum Akademischer Verlag, 2000, S. 50-51.

Bleuler, Eugen: Lehrbuch der Psychiatrie. Springer Verlag, Berlin 15.Auflage 1983, bearbeitet von Manfred Bleuler unter Mitarbeit von J. Angst et al., Seite77

Brefczynski, J. A. & E. A. DeYoe: *A physiological correlate of the spotlight of visual attention.* Nature Neuroscience 1999, 370-374.

Broadbent, D. E.: *The role of auditory localization in attention and memory span.* Journal of Experimental Psychology 1954, 47: 191-196

Broadbent, D. E.: *Perception and Communication.* Pergamon Press, London 1958 Bundesen, C.: *A theory of visual attention.* Psychological Review 1990, 97: 523-547

Cherry, E. C.: *Some experiments on the recognition of speech, with one and with two ears.* Journal of the Acoustical Society of America 1953, 25: 975–979

Richard Dawkins: *Meme, die neuen Replikatoren.* In: *Das egoistische Gen.* Jubiläumsausgabe 2007, S. 326. ISBN 3-499-19609-3.

Richard Dawkins: Vorwort. In: Susan Blackmore, *Die Macht der Meme*, Heidelberg, Berlin: Spektrum Akademischer Verlag, 2000. S. 20–21.

Deutsch, J. & D. Deutsch: *Attention: Some theoretical considerations*. Psychological Review 1963, 70: 80-90

Richard Dawkins: *Meme, die neuen Replikatoren*. In: *Das egoistische Gen* (original: *The Selfish Gene*, Oxford University Press, 1976). Jubiläumsausgabe 2007, S. 316–334. ISBN 3-499-19609-3.

D.Deutsch: *Attention: Some theoretical considerations*. Psychological Review 1963, 70, 80-90 (mit J. A. Deutsch)

Daniel Dennet: *Darwin's Dangerous Idea: Evolution and the Meanings of Life*. , New York (Simon & Schuster), 1995 (dt. Darwins gefährliches Erbe)

Eibl-EibesfeldtIrenäus, Technik der vergleichenden Verhaltensforschung in "Handbuch der Zoologie", Eine Naturgeschichte der Stämme des Tierreichs, 8. Band / 31. Lieferung, Walter de Gruyter & Co, Berlin 1962

Etcoff, Nancy: Survival of the prettiest: the science of beauty. Anchor Books. 2000

Sigmund Freud: *Triebe und Triebschicksale* (1915). Psychologie des Unbewußten, Studienausgabe, Band III, Fischer, Frankfurt am Main, Sonderausgabe 2000, S. 87 ISBN 3-596-50360-4

Freud (1905) 1982, Bd. 5, 76).

Freud [1926] 1960, Bd. 14, 302)

Freud(1905) 1982, Bd. 5, 77).

Freud (1933) 1982, Bd. 1, 530)

Freud *(1915)1982, Bd. 3, 87)*

Ronald Fisher(1915) The Genetical Theory of Natural selection (1930)

Henning, H.: *Die Untersuchung der Aufmerksamkeit*. In: E. Abderhalden (Hrsg.), Handbuch der biologischen Arbeitsmethoden, Abt. VI, Teil 3. Urban &

Hassenzahl, M. : Aesthetics in interactive products: Correlates and consequences of beauty. In H. N. J. Schifferstein & P. Hekkert (Eds.), Product experience (pp. 287-302). Amsterdam: Elsevier. 2008

Christoph Henke: *Memetik und Recht Online-Aufsatz.*

M. Bloch: "A well-disposed social anthropologist's problems with memes", in: *Essays on cultural transmission*, Oxford: Berg, 2005, S. 87 ff.

William James in Principles of Psychology

G. Jahoda : "The Ghosts in the Meme Machine" *History of the Human Sciences*, Bd. 15, Nr. 2, S. 55–68. 2002

Immanuel Kant: Grundlegung zur Metaphysik der Sitten, 1785

Stuart Kauffman: Der Öltropfen im Wasser. München 1996, S.463.

Lassek, W. & Gaulin,S. (2008): Waist-hip ratio and cognitive ability: is gluteofemoral fat a privileged store of neurodevelopmental resources? Evolution and Human Behavior. Vol. 29, Issue 1, 26-34.

Leder, H., Belke, B., Oeberst, A., & Augustin, D. (2004): A model of aesthetic appreciation and aesthetic judgements. British Journal of Psychology, 95, 489-508

A.H. Maslow, *A Theory of Human Motivation*, Psychological Review 50 (1943):370-96.

Merten, K.: *Aufmerksamkeit*. In: Leon R. Tsvasman (Hrsg.), Das große Lexikon Medien und Kommunikation. Kompendium interdisziplinärer Konzepte. Ergon, Würzburg 2006

132

David Mihola: *We are all born with native minds. Beiträge der Kognitiven Anthropologie zur Kognitionswissenschaft am Beispiel der „Folkbiology",* Diplomarbeit, Universität Wien, 2008, S. 16

Müsseler, J. und W. Prinz (Hrsg.): *Allgemeine Psychologie.* Spektrum Akademischer Verlag, Heidelberg 2002

Müsseler & Prinz (2002). *Allgemeine Psychologie.* Spektrum Akademischer Verlag sowie E. A. Styles (1997). *The Psychology of Attention.* Hove, UK: Psychology Press.

Neisser, U.: *Cognitive Psychology* 1967

Pauli, R.: *Über eine Methode zur Untersuchung und Demonstration der Enge des Bewußtseins sowie zur Messung der Geschwindigkeit der Aufmerksamkeitswanderung.* (Münchener Studien zur Psychologie und Philosophie; Band 1 / herausgegeben von Oswald Külpe und Karl Bühler). Spermann, Stuttgart 1914

Neumann, Gerd-Heinrich und Scharf, Karl-Heinz: *Verhaltensbiologie in Forschung und Unterricht.* 1994: Köln (Aulis Verlag Deubner) ISBN 3-7614-1676-8 Das Buch enthält eine umfassende Darstellung und offensive Rechtfertigung des klassischen Schlüsselreizkonzepts; es wurde verfasst als Antwort auf:

Styles, E. A.: *Psychology of Attention.* Taylor & Brands, Hover 1997 (Kapitel 2). 2nd ed.: Hove [u.a.]: Psychology Press, 2006

Dean Ornish (Leibarzt von Bill Clinton) Die revolutionäre Therapie: Heilen mit Liebe, Schwere Krankheiten ohne Medikamente überwinden, Mosaik Verlag, München 1999

Joseph Poulshock): "The Problem and Potential of Memetics" *Journal of Psychology and Theology*:"memetics is rife with conceptual problems and utterly lacking in empirical support". 2002

133

Posner, M.I. & Raichle, M.E.: *Images of Mind*, Scientific American Books, 1994

Dirk Richter: "Das Scheitern der Biologisierung der Soziologie - Zum Stand der Diskussion um die Soziobiologie und anderer evolutionstheoretischer Ansätze", *KZfSS Kölner Zeitschrift für Soziologie und Sozialpsychologie*, Volume 57, Number 3 / September 2005, S. 523 ff.

 Schwarzenberg, Berlin 1925 Henning, H.: *Die Aufmerksamkeit*. Urban & Schwarzenberg, Berlin 1925

Ulrich Sachsse, in: *WIR: Psychotherapeuten über sich und ihren unmöglichen Beruf*, 2006. S. 444 ff.

H.C. Speel: *Memetics: On a conceptual farmework for cultural evolution.* Symposium "Einstein meets Magritte". Brüssel, Free University, 1995

H.C. Speel: *Why memes are also Interactors.* 15th International Congress on Cybernetics - Namur (Belgien) 1998

D. Sperber : "An Objection to the Memetic Approach to Culture" in: Augner (Hg.) *Darwinizing Culture: The Status of Memetics as a Science*, Oxford: OUP, S. 163, 173. 2000

Vgl. Dan Sperber: "Why a deep understanding of cultural evolution is incompatible with shallow psychology", in: N. Enfield & S. Levinson (Hg.), *Roots of human sociality*, Oxford: Berg, 2006, S. 431 ff.

M. T. Thielsch: Ästhetik von Websites: Wahrnehmung von Ästhetik und deren Beziehung zu Inhalt, Usability und Persönlichkeitsmerkmalen. Münster: MV Wissenschaft 2008. ISBN 978-3-86582-660-2

Waldenfels, B.: *Phänomenologie der Aufmerksamkeit*. Suhrkamp, Frankfurt 2004

Welford, A. T.: *The 'psychological refractory period' and the timing of high-speed performance – a review and a theory*. British Journal of Psychology 1952, 43: 2-19

Jost Weyer: *Neuere Interpretationsmöglichkeiten der Alchemie*. In: *Chemie in unserer Zeit*. 1973, 7,6, S. 177–181, doi:10.1002/ciuz.19730070604.

Karl-Heinz Wellmann: *Zur Wirkung disruptiver Selektion auf das Verhalten von Hausmäusen: Eintragen von Nestlingen, weitere Elemente des Brutpflegeverhaltens und Erkunden. Wissenschafts-Verlag*. Dr. Wigbert Maraun, Frankfurt 1989 (Diss. Univ. Frankfurt), ISBN 3-927548-18-9

Hanna Maria Zippelius *Die vermessene Theorie. Eine kritische Auseinandersetzung mit der Instinkttheorie von Konrad Lorenz und verhaltenskundlicher Forschungspraxis*. Braunschweig: 1992 (Vieweg), 295 S., ISBN 3-528-06458-7)

Zeki, S.: Artistic Creativity and the Brain. Science, 293, 51-52.

Researchers discover new 'golden ratios' for female facial beauty. Physorg, 16. Dezember, 2009.

Ich wünsche allen Lesern viel Spaß beim Lesen!!!!

Herstellung und Verlag:
Books on Demand GmbH, Norderstedt
ISBN 978-3-8423-3832-6